LE
CADET DE MARINE

OPÉRA-COMIQUE EN TROIS ACTES

(D'APRÈS BAYARD ET DUMANOIR)

PAR

F. ZELL

LIVRET FRANÇAIS DE GUSTAVE LAGYE

MUSIQUE DE

RICHARD GENÉE

PRIX : FRS. 2-50

SCHOTT FRÈRES, ÉDITEURS

BRUXELLES   PARIS

82, RUE DE LA MONTAGNE, 82   6, RUE DU HASARD, 6

1880

LE CADET DE MARINE

OPÉRA-COMIQUE EN TROIS ACTES

Représenté pour la première fois, à Bruxelles, sur le Théâtre des Fantaisies Parisiennes, le 28 janvier 1880.

(Direction de M. Ch. Darcy.)

Costumes dessinés par M. Clédat de Lavigerie

exécutés par M. E. Landolff fils.

Bruxelles. — Imp. Félix Callewaert père, rue de l'Industrie, 26

LE
CADET DE MARINE

OPÉRA-COMIQUE EN TROIS ACTES

(D'APRÈS BAYARD ET DUMANOIR)

PAR

F. ZELL

LIVRET FRANÇAIS DE GUSTAVE LAGYE

MUSIQUE DE

RICHARD GENÉE

PRIX : FRS. 2-50

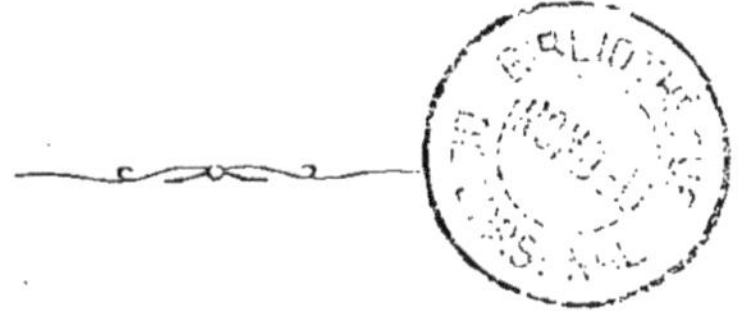

SCHOTT FRÈRES, ÉDITEURS

BRUXELLES || **PARIS**

82, RUE DE LA MONTAGNE, 82 || 6, RUE DU HASARD, 6

1880

Tous droits réservés

PERSONNAGES

FANCHETTE MICHEL . . . . Mˡˡᵉ MARIE AIMÉE.
DON JANUARIO ᴅᴇ SOUZO-SILVA ᴇᴛ PERNAM-
   BUCO. . . . . Mᵐᵉ FALCHIERI.
ROBERT DE SAINT FRESNAY, gentilhomme fran-
   çais, époux secret de la Reine . . . . » PUGET.
DON DOMINGUOS, BORGOS DE BARROS, Maître
   des Cérémonies . . . . » DUBOUCHET.
MUNGO, esclave de Januario . . . . » CASTELAIN.
NORBERTO ᴅᴀ CUNHA ALVARENZA, officier de
   marine . . . . » LEROY.
FRANCESCO, BENARDINO RIBEIRO, officier de
   marine . . . . » LÉON BERTRAND.
JOAQUINO ᴅᴀ RITA DURAO, officier de marine . . » DURIEU.
MARIA FRANCESCA, Reine de Portugal. . . . . Mᵐᵉˢ ISAYE-MARTAL.
DONA ANTONIA, son épouse, première dame d'hon-
   neur. . . . . » DUBOUCHET.
JOSE,   cadets de marine . . . . » ACHARD.
DIEGO,   id.   . . . . » BONHEUR.
ANTONIO,   id.   . . . . » SAHATOR.
CARLOS,   id.   . . . . » ALINE.
FREI,   id.   . . . . » JULIEN.
BENARDINO,   id.   . . . . » ALLER.
AGOSTO,   id.   . . . . » PHILOMÈNE.
HENRIQUEZ,   id.   . . . . » L. ELOY.
FÉDÉRIGO,   id.   . . . . » LEYSENS.
SEBASTIANO,   id.   . . . . » J. ELOY.
GOMEZ,   id.   . . . . » STEVENS.
GONZALVES,   id.   . . . . » PAQUAY.
BONIFACIO,   id.   . . . . » C. HENRI.
RICARDO,   id.   . . . . » M. CHAPELLE.
VASQUEZ,   id.   . . . . » KUYPERS.
CESARIO,   id.   . . . . » OGER.
RODRIGUEZ, vieux serviteur de Robert . . . . . M. DIEUDONNÉ.
UN AUMONIER DE MARINE . . . .
UN ENSEIGNE . . . .
UN HÉRAUT. . . . . » VAN EYCKEN.
SECOND HÉRAUT . . . . » JULIENS.
OFFICIERS, COURTISANS, DAMES DE LA COUR, PIÈCES VIVANTES DU JEU D'ÉCHECS
   DE LA REINE, ESCLAVES, HOMMES ET FEMMES DU PEUPLE.

La scène se passe à Lisbonne, vers le milieu du xviiᵐᵉ siècle.

1ᵉʳ Acte : *Une Visite Imprévue.* — 2ᵉ Acte : *Le jeu d'échecs de la Reine.*

3ᵉ Acte : *Le Nouveau Favori.*

S'adresser, pour tous droits de représentation (pour la France et la Belgique),
à MM. SCHOTT frères, éditeurs de musique, à Bruxelles, Montagne de la
Cour, 82, ou à Paris, rue du Hazard, 6.

Chez les mêmes, partitions et morceaux détachés.

Pour la mise en scène détaillée s'adresser à M. SALVATOR, régisseur du
Théâtre des Fantaisies Parisiennes, à Bruxelles.

LE CADET DE MARINE

ACTE PREMIER

Une visite imprévue

Une salle du château royal de Bemposta à Lisbonne, vers le milieu du XVIIe siècle. Ameublement dans le goût de l'époque. — Portes à droite et à gauche. A droite, premier plan, une porte secrète.

SCÈNE I

FRANCESCO, JOAQUINO, NORBERTO, DOMINGUOS, OFFICIERS

(Les officiers boivent joyeusement).

INTRODUCTION

LES OFFICIERS (buvant)

Gloire
A notre gouverneur !
Nous prenons part à son bonheur !
Il nous faut boire
En son honneur !
Gloire
A notre gouverneur !

FRANCESCO

Quoiqu'il nous prime tous ici,
Il n'en est pas moins notre ami !

TOUS

Oui !

JOAQUINO

S'il nous devance constamment,
Il en est digne apparemment.

NORBERTO (gaîment)

C'est un héros, un paladin !…
La preuve en est dans ce bon vin !

DOMINGUOS (qui se tient à l'écart)

Fêtez l'élu de la fortune !…
Que ce Roberto m'importune !
Qui met les femmes dans son jeu,
  Morbleu !
L'emporterait sur le bon Dieu !
Ce que mon rang et mon génie,
Hélas ! ne m'ont point obtenu,
On le gardait, ô vilenie,
Pour le premier venu !
A lui pouvoir, honneurs, crédit ;
Chacun lui rend hommage !
Oh ! j'en perdrai, je crois, l'esprit ;
  Tant je me sens de rage !

Que j'aurai de plaisir à le voir abattu !
       (Aux officiers).
Que dites-vous, Seigneurs, d'un pareil parvenu !

NORBERTO

Notre idée ?…

FRANCESCO, JOAQUINO et NORBERTO

Non fardée ?

NORBERTO

Vous la voulez très franche ?

DOMINGUOS

Bien franche !

LES OFFICIERS

Eh! bien!!

DOMINGUOS

Eh! bien!

TOUS (reprenant joyeusement leurs verres)

Gloire
A notre gouverneur!
Il nous faut boire
En son honneur!
(Dominguos s'éloigne.)

SCÈNE II

LES MÊMES; ROBERT (entrant par le fond et entouré
immédiatement par tous les officiers)

ROBERT (avec effusion)

Merci, Messieurs, je suis heureux
De recueillir ici vos vœux.
(Leur serrant la main).
Pour vous, amis, que j'aime,
Mon cœur sera toujours le même!

FRANCESCO et JOAQUINO

Vive l'ami, le compagnon!

NORBERTO

Vive son vin, car il est bon!

ROBERT (remarquant Dominguos, qui s'avance vers lui)

Eh quoi! Dominguos est venu?
Quel honneur imprévu!

DOMINGUOS (avec une froide ironie)

Si dans ces lieux on peut me voir,
J'y remplis un devoir.

(Il avise un page qui apporte sur un coussin une hache d'armes richement ouvragée. Dominguos la prend et l'élève en l'air, puis, s'adressant à Robert).

DOMINGUOS

Le chef nouveau de nos vaillants marins
Doit recevoir,
Vous l'oubliez, peut-être, de mes mains
L'insigne du pouvoir.
Je suis fidèlement,
Seigneur, le règlement.
Tel est le règlement!
(Avec emphase).
Vasco de Gama, Albuquerque, Pacheco,
L'ont illustré dans les combats.
(Avec ironie).
L'arme est peu faite pour un jouvenceau
Et pèsera, peut-être, à votre bras!

ROBERT (la prenant, avec noblesse)

La reine, au nom du Portugal,
Me rend puissant et fier!
Pour la servir, ce bras loyal,
Amis, sera de fer!

LES OFFICIERS, (se découvrant)

La reine, au nom du Portugal,
Le rend puissant et fier!
Pour la servir, ce bras loyal
Amis, sera de fer!

ROBERT

I

Quand la fortune amie
Protège mon destin,
Votre âme répudie
L'envie et le chagrin!
Si mon mérite est étranger
Encore à ces honneurs,
A vous, amis, à partager
Ma gloire et mes faveurs!
(D'un ton chevaleresque).

La reine, au nom du Portugal,
　　Me rend puissant et fier !
Pour la servir, ce bras loyal,
　　Amis, sera de fer !

LES OFFICIERS

La reine, au nom du Portugal,
　　Le rend puissant et fier.
Pour la servir, ce bras loyal,
　　Amis, sera de fer !

ROBERT

II

Ici, tout vient sourire !
Mon sort est glorieux.
Le but auquel j'aspire
Devance encor mes vœux !
Pauvre, inconnu, je vins un jour,
Traînant des pas proscrits.
J'ai retrouvé dans ce séjour
Le ciel de mon pays !

La reine, au nom du Portugal, etc.

FRANCESCO

C'est égal, pour peu que cela continue, nous verrons bientôt don Roberto, grand amiral de la flotte portugaise.

NORBERTO, plaisamment

J'ai un nom tout prêt pour son navire. Il pourra l'appeler *Le Chançard*.

DOMINGUOS

Et arborer un cotillon à son grand mât.

ROBERT

Pas de mauvaises plaisanteries, Messieurs...

LES OFFICIERS, s'excusant

Nous n'aurions garde !

ROBERT, gaîment

Mais je conviens avec vous que j'ai monté un peu rapidement en grade.

JOAQUINO

Il ne doit pas y avoir plus d'un an que vous avez pris du service au Portugal ?

NORBERTO

Deux mois plus tard vous étiez officier...

DOMINGUOS (bas à Francesco)

L'influence du cotillon...

FRANCESCO

Un peu après, Grand de Portugal.

DOMINGUOS à JOAQUINO

Encore le cotillon...

FRANCESCO

Enfin, aujourd'hui, contre-amiral et gouverneur de l'Ecole Royale de Marine...

DOMINGUOS, bas

Le cotillon toujours... Il n'y a que ça pour vous faire faire du chemin !

NORBERTO, en riant

Contre-amiral, un officier de cavalerie !... Pardieu, c'est original.

QUELQUES OFFICIERS, s'empressant autour de Robert

Que nous vous félicitions encore...

ROBERT

Mais on ne boit plus, il me semble!... Don Dominguos bouderait-il notre vin?

DOMINGUOS, jetant un coup-d'œil ironique sur Norberto

Grand merci, je tiens à conserver la raison, pour ceux qui la perdent ici.

FRANCESCO à NORBERTO

Attrape!... Voilà pour toi!

NORBERTO, riant

Quoi? C'est bien naturel... Son Excellence, affligée d'une incurable myopie veut garder ses yeux bien clairs, afin d'en pouvoir mieux surveiller sa noble épouse... Ah! ah!

ROBERT

Fi! Norberto! Pouvez-vous bien parler ainsi d'une personne respectable à tous égards et qui ne quitte presque jamais la reine?

DOMINGUOS, d'un ton gourmé

S'il plaît à Votre Excellence, je défendrai bien moi-même ma femme contre d'insolents propos...

NORBERTO

Que vous disais-je? Il n'y a pas jusqu'à don Roberto qui ne lui soit suspect... Ah! ah! ah! (Regardant la longue épée de Dominguos.) Eh bien! seigneur-maître des cérémonies, qu'à cela ne tienne... Vous avez là justement au côté une assez jolie colichemarde...

DOMINGUOS, d'un ton hautain

Grand merci, don Norberto, je ne me bats point !

NORBERTO

Un Borgos de Barros qui refuse d'aller sur le terrain !

DOMINGUOS, avec fierté

Les Borgos de Barros savent mourir de la mort des braves et l'on peut dire d'eux que tous arrivent au monde l'épée au poing.... Mais à Dieu ne plaise que je me mesure avec un écervelé de votre trempe, autrement qu'en pure théorie.. Capitaine, considérez-vous comme tué par moi... A mes yeux, vous n'existez plus... Là-dessus, adieu, portez-vous bien...

(Il se dirige majestueusement vers le fond, au milieu des éclats de rire des officiers).

NORBERTO, se laissant tomber dans un fauteuil

Des messes pour le repos de mon âme ! Me voilà mort ! Ah ! ah ! ah !

(Dominguos, en sortant, heurte violemment Rodriguez qui entre tout effaré. Il pivote sur lui-même et manque d'être renversé par terre.)

SCÈNE III

LES MÊMES, moins DOMINGUOS ; RODRIGUEZ

RODRIGUEZ

Excellence ! Excellence !

ROBERT

Eh bien ! Rodriguez, qu'y a-t-il ?

RODRIGUEZ

Un message urgent.

ROBERT

Donne. (Il prend la lettre.)

FRANCESCO aux officiers.

Une lettre adressée à don Roberto ne peut que lui apporter de bonnes nouvelles...

TOUS

Faut-il vous féliciter ?

ROBERT, qui a parcouru la lettre, à part, avec inquiétude.

Par le diable !... Fanchette à Lisbonne ! Quel contre-temps ! (Bas et vivement à Rodriguez) Qui t'a remis cette lettre ?

RODRIGUEZ, de même

Une dame, en habits de voyage, qui attend à la porte du jardin !

ROBERT, de même

Va, cours !... Dis-lui que je suis absent,... malade,... décédé... Allons, va... Tu devrais déjà être parti...
(Rodriguez sort vivement. Robert relit la lettre en secouant la tête avec impatience).

NORBERTO

Eh bien ! ces nouvelles ?... Bonnes, j'espère ?...

TOUS

Acceptez nos félicitations.

ROBERT

Oui, un évènement imprévu qui me comble de joie.
(A part.) Que la peste étouffe la coquine ! (Haut.) Mes bons
amis, avec vous, je n'ai point à me gêner... Je désirerai
rester seul un moment.

FRANCESCO

Vous nous chassez?...

ROBERTO, avec un peu d'impatience.

Je vous prie de vous éloigner, voilà tout...

JOAQUINO

C'est la même chose...

NORBERTO

Allons, allons, ce n'est jamais nous qui vous gêne-
rons... C'est dommage pourtant... Tout ce bon vin-là
va être perdu ! (Il boit).

FRANCESCO

Mes amis, laissons-le seul, puisque tel est son désir...
seul... avec son étoile.

NORBERT

Vive l'étoile de don Roberto !

TOUS

Vive don Roberto.

REPRISE DU

CHŒUR D'INTRODUCTION

Gloire
A notre gouverneur !
Il nous faut boire
En son honneur !

(Les officiers sortent. Des valets font disparaître les traces de la
fête et se retirent).

SCÈNE IV

ROBERT, seul.

Fanchette à Lisbonne ! Fanchette, la remuante soubrette, l'exigeante maîtresse, le diable incarné dont je
m'étais coiffé étant encore simple lieutenant au régiment
de Picardie ! Ici ?... Au diable les folies de jeunesse !...
Elles vous retombent sur le nez au moment où l'on est le
moins disposé à s'en souvenir !... (Il rouvre la lettre.) Il
faut l'éloigner aujourd'hui même... Appellerai-je à mon
secours dona Antonia, notre confidente ?... Non, il suffira
de l'intervention du surintendant de police de Lisbonne
qui m'est tout acquis... (Il va s'asseoir à une table et prend une
plume.) — *Musique.*

SCÈNE V

ROBERT; ANTONIA, LA REINE

(La porte secrète s'ouvre sans bruit. Antonia s'avance la première :
elles portent le loup portugais, qui leur couvre la moitié du visage.
Antonia regarde avec précaution de tous les côtés et fait signe à
la reine qui entre sur la pointe du pied. La confidente referme alors
la porte et va surveiller la galerie du fond. La reine se glisse jusque
près de la chaise de Robert et regarde par dessus son épaule).

ROBERT, écrivant

« Cher maître et ami ! Une affaire délicate et très
urgente...

LA REINE, lui jetant tendrement les bras autour du cou.
Me serait-il permis de déranger un moment monsieur
le gouverneur?

(Elle ôte son loup.)

ROBERT, sursautant.

Oh! (Se remettant) Votre Majesté!... Maria... Vous m'avez fait une peur!...

LA REINE

A-t-on jamais peur d'une jolie femme qui se donne la peine de venir vous surprendre ?

DUETTINO

LA REINE et ROBERT (embrassés).

LA REINE	ROBERT
C'est moi, ta femme !	Ma noble dame !
Je te revoi.	Je vous revoi.
Ah! pour mon âme,	Ah! pour mon âme,
Quel doux émoi !	Quel doux émoi !

LA REINE

Mon cœur altier, par toi dompté,
Abdique ici la royauté.

ROBERT

N'eussiez-vous sceptre ni grandeur,
Vous seriez reine sur mon cœur !

ENSEMBLE

LA REINE	ROBERT
C'est moi, ta femme, etc.	Ma noble dame, etc.

ROBERT

Aimer dans le mystère,
Cacher à tous les yeux
L'ardeur de tendres feux,
N'est plus de cette terre;
C'est vivre dans les cieux !

LA REINE

Pourtant, joie ou douleur,
J'ignore, hélas! ta vie!
Ah! si jamais ton cœur
Devait m'avoir trahie...

ROBERT

Trahie!
Toi, trahie et par moi!

ENSEMBLE

LA REINE	LAMBERT
C'est moi, ta femme!	Ma noble dame,
Je te revoi!	Je vous revoi!
Ah! pour mon âme,	Ah! pour mon âme,
Quel doux émoi!	Quel doux émoi!

ROBERT

Enfin, vous voilà! Je vous attendais avec une impatience!...

LA REINE, souriant

Que vous essayez de tromper en rédigeant une lettre...
(Elle se dirige vers la table, bien que Robert fasse des efforts pour
l'en empêcher). Peut-on lire ?

ROBERT

Eh quoi! Un simple billet d'affaire.

ANTONIA, qui, à la fin du duo, a quitté son poste d'observation,
s'emparant de la lettre et la présentant respectueusement à sa
maîtresse.

Service de Sa Majesté!...

ROBERT, à part

Trop de zèle!...

LA REINE

Merci, dona Antonia. Veuillez m'attendre dans l'escalier dérobé. Je ne resterai point longtemps. Mais ce soir, je souperai ici avec mon époux.

(Antonia s'incline respectueusement. La reine jette un regard sur la lettre).

ROBERT, vivement et bas, à Antonia qui se retire

Il faut absolument que je vous parle !...

ANTONIA

Eh bien ! ici après le conseil des ministres.
(Elle sort par la porte secrète).

SCÈNE VI

LA REINE, ROBERT

LA REINE, lisant

« Une affaire délicate et très urgente » Et la suscription : « Cher maître et ami. » Que signifie cela ? Quel est ce maître qui vous est si cher ?...

ROBERT, vivement

Ah ! mon Dieu ! un maître tailleur, tout uniment !

LA REINE, se rassérénant

Auquel vous donnez le titre d'ami ?

ROBERT, légèrement

Un spécialiste parisien, qui me faisait crédit lorsque j'étais simple lieutenant...

LA REINE, avec défiance

En vérité !... Et cette affaire délicate... urgente ?

ROBERT

A trait aux uniformes des cadets de marine que vous
venez de placer sous ma direction.

LA REINE, rassurée

Les uniformes ?..... Voilà, en effet, une bien grosse
question.

(Elle s'assied).

ROBERT, se remettant tout à fait

Maitre Ravigot, que j'ai fait venir ici, et auquel par
reconnaissance j'ai donné ma pratique et celle de l'Ecole de
Marine, a déjà fourni un modèle sur mes indications.....
(Montrant une porte à gauche). Il est là, et si vous désirez le
voir?.. Mais je voudrais y apporter quelques modifica-
tions...

LA REINE (au milieu)

Pardonnez-moi, Robert!... Ma jalousie me fait trouver
un air de mystère aux choses les plus simples... Ah! Je
vous aime si ardemment que tout me fait ombrage.

ROBERT

Ma douce Reine!

LA REINE

Mais il faut que je vous quitte... déjà! Mes ministres
m'attendent!... Quel ennui!... A ce soir... Vite, encore
un baiser, avant que je remette mon loup.

(Il l'embrasse; elle veut remettre son masque).

ROBERT, avec humeur

Cette mode portugaise est insupportable!... Devoir
cacher cet adorable et fier visage!

RONDEAU-VALSE

LA REINE

Ne ris pas de nos usages,
Plus que d'autres ils sont sages.

Sous le masque on cache sans peur
Le visage et le cœur.
Garde-le comme moi,
Mais conserve ta foi!
Sous les yeux de tous
On adore un amant, un époux,
En se moquant des jaloux.

Le masque nous garde.
Sans qu'on nous puisse voir,
Sans crainte on regarde,
L'on jase à son vouloir.
L'on passe, l'on vient;
Tout vous appartient
Et personne de vous ne dit rien.
Ne sait rien!

Un doux visage
Souvent trahit.
Amour ou rage,
Bientôt s'y lit.
Mais sous un masque bien discret
On cache à tous un doux secret!

Sous le masque on cache sans peur, etc.

Mais l'homme, hélas! n'a pas besoin
Pour nous abuser de prendre ce soin!
La brune reçoit, hélas! ses serments!
La blonde les a presqu'en même temps!
La femme,
Elle, garde au fond de son cœur,
Sa peine, sa flamme
Ou sa fureur!
Il lui faut bien cacher à tous
Sa joie ou son courroux!

Sous le masque, on cache sans peur
Le visage et le cœur.
Garde-le comme moi
Mais conserve ta foi!

Sous le masque on regarde,
On repasse et l'on vient.
Le mystère nous garde
Si bien !
Et personne de vous ne dit rien,
Ne sait rien.
Rien !

DOMINGUOS, criant, au dehors

Au nom de la Reine !

LA REINE, effrayée

Oh ciel !

(Elle s'empresse de remettre son loup et se dirige vers le fond par lequel entre Dominguos).

SCÈNE VII

LES MÊMES; DOMINGUOS

ROBERT, avec hauteur

Que veut dire cela, Monsieur le maître des cérémonies ? Vous entrez ici d'une étrange façon !

DOMINGUOS, barrant involontairement le passage à la reine.

Au nom de la Reine, Excellence, de la Reine pour qui il n'y a pas de portes closes. (Apercevant la reine qui donne des signes d'impatience). Oh! une femme! .. La mienne peut-être! (S'approchant). Imbécile que je suis !... Dona Antonia est bien moins grande... (A Robert, en riant. Un tête-à-tête ?... Pardon !... Je comprends.. (Il se courbe plusieurs fois devant la reine). Senora ! (A Robert). Jolie prestance !.. Je les aime comme ça.

ROBERT, avec impatience

Et qu'est-ce qui vous amène ici ?

DOMINGUOS

Une idée de Sa Majesté, ou plutôt un caprice... Notre gracieuse souveraine en a beaucoup comme ça depuis quelque temps...

LA REINE, involontairement

Ah !

(Dominguos s'incline de nouveau).

ROBERT

Vous trouvez?...

DOMINGUOS

Et cette fossette au menton... (A part). Qui diable ça peut-il être ?

ROBERT, avec impatience

Or donc, Monsieur le maître des cérémonies...

DOMINGUOS

Sa Majesté a reçu ce matin, de son ministre à Rio-Janeiro, une lettre la suppliant de bien vouloir faire enfermer dans un couvent de jésuites, un sien neveu, don Mauritio Agosto de Queroga, mauvais sujet de la plus belle eau, qui depuis quelque temps fait ses farces dans notre beau royaume.

ROBERT

Eh bien?

DOMINGUOS

Comme cette auguste princesse ne laisse jamais échapper l'occasion de commettre quelqu'inconséquence...

LA REINE

Ah !

DOMINGUOS, avec galanterie

La senora pense comme moi?... Quelle flatteuse rencontre !...

ROBERT, de plus en plus impatienté

Sa Majesté a donc résolu?...

DOMINGUOS

De faire rechercher le jeune drôle par votre Excellence, afin de l'enrôler de force dans son corps des cadets... Ah ! ah ! l'Ecole de Marine, envisagée comme maison pénitentiaire !... L'idée est baroque et bien digne d'une cervelle de femme fantasque et inoccupée...

LA REINE

Ah !

DOMINGUOS, enchanté

Votre approbation me ravit, senora ! (A Robert.) Vous êtes un heureux co... pardon, un heureux gouverneur.

ROBERT, froidement

Veuillez assurer à notre gracieuse souveraine que je me conformerai respectueusement à son désir.

(Dominguos tire de sa poche sa tabatière, dispose le tabac sur le haut de la main et prise gravement, après l'avoir arrosé de l'essence contenue dans un élégant flacon.)

LA REINE, à voix basse à Robert

A ce soir !

ROBERT, de même

A ce soir !

(La reine sort vivement par la porte dérobée).

DOMINGUOS, prisant

Notre futur navigateur est, paraît-il, grand chasseur de cotillons... On m'a raconté de lui des histoires, mais des histoires !... Se tournant vers l'endroit où se trouvait la reine. Oh ! pardon, senora, j'oubliais .. Tiens ! La belle inconnue n'est plus là !...

(Il regarde autour de lui.)

ROBERT, froidement

Comme vous voyez, seigneur Dominguos... Et moi-même je ne puis demeurer davantage.

(Il salue et sort par la gauche.)

SCÈNE VIII

DOMINGUOS, seul

Si pourtant c'était ma femme? Avec lui?... On ne peut pas savoir?... Tout ici semble lui appartenir ! .. Ma femme !... L'apparence?... L'autre était plus maigre, plus grande... Après ça on peut pour détourner les soupçons, se chausser de plus hauts patins ! .. Malédiction, c'était ma femme !... J'en suis bien certain à présent !... Malheur à elle !...

(Il se précipite vivement à droite, et se heurte à une colonne qu'il prend pour quelqu'un.)

DOMINGUOS, se découvrant poliment

Pardonnez-moi, mais je suis si pressé...

(Il sort en courant.)

SCÈNE IX

FANCHETTE, RODRIGUEZ

FANCHETTE (chassant devant elle Rodriguez)

Sans me répliquer, annonce-moi !
Ne résiste pas ou gare à toi !
Tu n'es qu'un paltoquet.
Un rustre, un plat valet !
Hâte-toi !
Hâte-toi !
Annonce-moi !

Je suis Fanchette,
Fanchette de Paris,
Première soubrette ;
As-tu compris ?

Idole des hommes,
Au siècle où nous sommes,
Partout la beauté
A droit de cité !
Vieillard sot et morose,
Contemple, écoute et suis
La loi que je t'impose,
Esclave, et m'obéis !

Lorsque j'ai parlé, tout doit s'enquérir,
Me servir
Et courir !
Chacun devant moi doit baisser le ton,
Ou sinon
Le bâton !
(Elle lève la canne sur Rodriguez qui recule effrayé.)
Maîtres et valets,
Tous sont mes sujets.
L'un craint mes rigueurs,
L'autre mes fureurs,
Tous me sont acquis
Et soumis !

Pauvre Paris que j'ai quitté,
Pour tes plaisirs quelle disgrâce !
En vérité
Ton sort me glace.
Public ingrat, tu l'as voulu !
Pleure à présent ton bonheur perdu.

Des gais amours de ma jeunesse,
Je viens chercher la douce ivresse !
Robert, toi que j'aimais,
Je te reviens et pour jamais.

Mais jusqu'ici, le Portugal
N'est point du tout mon idéal !
On y doit s'amuser fort mal !
Quel peuple se prélasse
Dans ce banal Eden !

(Montrant Rodriguez).

On peut juger la race,
D'après ce spécimen ?

(Elle lève de nouveau la canne sur Rodriguez qui l'écoute la
bouche béante)

Allons, tôt, que l'on m'annonce !
Il me faut une réponse !
Hâte-toi !
Hâte-toi !
Hâte-toi !
Annonce-moi !

Je suis Fanchette,
Fanchette de Paris,
Première soubrette ;
As-tu compris ?

Lorsque j'ai parlé, tout doit s'enquérir,
Me servir
Et courir.
Chacun devant moi doit baisser le ton,
Ou sinon,
Le bâton !

(Elle le menace.)

Maîtres et valets,
Tous sont mes sujets.
L'un craint mes rigueurs,
L'autre mes fureurs !
Tous me sont acquis
Et soumis !

(Elle poursuit Rodriguez.)

RODRIGUEZ, se sauvant

C'est le diable !

SCÈNE X

FANCHETTE, DOMINGUOS

DOMINGUOS, arrivant par le fond

Impossible de mettre la main dessus! .. (Apercevant Fanchette.) Ah!

FANCHETTE, voyant Dominguos rôder autour d'elle

Ah!
(Elle prend vivement à sa ceinture le loup qui s'y trouve et s'en couvre le visage.)

DOMINGUOS

Senora! (à part.) Elle me parait encore diminuée depuis tout à l'heure!... Il n'est pas possible qu'en dix minutes ma femme ait pu voir s'opérer en elle un pareil changement! (Haut.) Senora, ne craignez rien, je sais me taire!

FANCHETTE, à part.

Que me veut cette marionnette?

DOMINGUOS, à part.

Et une autre robe!... Il faut que je pénètre ce mystère!.. (Il se rapproche de Fanchette. Haut.) Don Roberto, malheureusement retenu...

FANCHETTE, vivement

Ah!

DOMINGUOS, à part

Plaidons le faux pour savoir le vrai! (Haut.) Ces gentils garçons-là, on se les arrache.

FANCHETTE, avec surprise

Ah !

DOMINGUOS, à part

Cette voix douce, cet air étonné ! Ce n'est pas ma femme !... Si je profitais de l'occasion ? Calomnions, calomnions, c'est de bonne guerre à la cour ! (Haut.) Une de ses nombreuses et jalouses maitresses qui le retient sans doute en charte privée...

FANCHETTE, avec dépit

Oh ! (Elle porte son mouchoir à ses yeux.)

DOMINGUOS, à part

Dieu me pardonne, elle pleure !... Une demoiselle d'honneur, peut-être ! Elles sont si sentimentales ! (Haut.) Séchez vos larmes, ma belle enfant. A défaut de cet ingrat, des cœurs plus chauds et moins oublieux...

(Il veut lui prendre la taille.)

FANCHETTE

A bas les pattes, vieux singe... (Elle lève sa canne.)

DOMINGUOS, reculant

Les pattes !... Vieux singe !... (A part.) Ce n'est pas une dame de la cour, mais une fille on ne peut plus bourgeoise... Avec ces créatures-là, il n'y a pas à mettre des mitaines. (Haut.) Par grâce, ôtez ce vilain loup qui cache, j'en suis sûr, le plus délicieux minois...

(Il veut le lui enlever.)

FANCHETTE

Vas-tu finir, vieux papillon !... (Dominguos veut lui ravir un baiser.) Encore !

DOMINGUOS, pressant

Toujours, la belle, et avant que vous ne m'ayez accordé...

FANCHETTE

Tiens!...
(Elle lui allonge un vigoureux soufflet, qui le fait pivoter sur lui-même.)

DOMINGUOS, se tâtant la joue

Ça pourrait bien être ma femme tout de même, elle vous a de ces reparties-là!...

SCÈNE XI

LES MÊMES; ROBERT, qui a entendu le soufflet

FANCHETTE, se jetant au cou de Robert

Ah! Robert!... Enfin! ..

ROBERT, bas

Nous ne sommes pas seuls. . (Haut, à Dominguos.) Eh ! bien, Excellence, toujours ici ?

DOMINGUOS

Oui, un bout de conversation avec cette douce demoiselle... (A part.) Une blanchisseuse... de gros... ça se voit au coup de battoir!... (Haut, avec ironie.) Mais je n'entends point vous déranger plus longtemps... Il y a des moments où l'on préfère la solitude .. à deux... Et puis, ma charge de maître des cérémonies me réclame plus que jamais...

ROBERT, riant

Ne vous gênez donc pas... Ah ! ah ! ah !

DOMINGUOS, à part

Ris, va, sans cœur !... Mais je me vengerai... (Haut
en saluant.) Senora, Excellence !

(Robert et Fanchette lui rendent cérémonieusement son salut.
Dominguos sort.)

SCÈNE XII

FANCHETTE, ROBERT

FANCHETTE, ôtant son loup

Toi, c'est bien toi !.., C'est mon Robert chéri !... Ah !
viens sur mon cœur ! (Elle se jette dans ses bras et le baise
sur les deux joues malgré sa résistance).

ROBERT, avec inquiétude

Au nom du ciel !... On pourrait nous surprendre...
Calmez-vous !...

FANCHETTE

Vous?... Vous?... Est-ce qu'il serait défendu de se
tutoyer à Lisbonne? Ou bien les grandeurs t'auraient-
elles tourné la tête? Mépriserais-tu tes anciens amis de
Paris?...

ROBERT, amicalement

Non, non,... tu ne le crois pas, Fanchette.

FANCHETTE

A la bonne heure !

ROBERT

Mais, pourquoi l'avoir quitté, ce Paris que tu aimais tant? Comment t'est-il venu à l'esprit de pousser jusqu'au Portugal, où il n'y a rien à faire pour toi?

FANCHETTE

Oh! c'est toute une histoire!
(Elle amène Robert sur le divan et veut s'asseoir familièrement sur ses genoux. Robert l'en empêche avec une secrète épouvante.)

FANCHETTE

C'est juste!... Nous sommes à la cour... Ayons de la tenue! (Elle s'assied à côté de lui et s'appuie sur son épaule, pendant qu'il jette vers la porte dérobée des regards d'angoisse.) Voilà!... Es-tu disposé maintenant à écouter le récit de mes aventures?

ROBERT, avec résignation

J'attends.

FANCHETTE, se posant pour raconter

Je jouais donc, il y a une quinzaine de jours, à Saint-Germain, une pièce populaire, où je remplissais un rôle de gamin... Tu sais, les rôles de gamin, c'est ma spécialité... L'auteur, un futur magistrat qui garde l'anonyme, m'y avait rimé quelques couplets à l'emporte-pièce, à l'adresse des ménages à trois... Un moraliste, quoi!.. Ces hommes perdront notre belle France!... Je venais de lancer mon premier couplet... Applaudissements frénétiques de tous les maris présents... Colère et grincement de dents de leurs légitimes, appuyées par leurs cavaliers servants, qui chutent à qui mieux-mieux... C'est au milieu de ce chassé-croisé que j'attaque mon premier refrain... (Elle se lève.) Il est charmant, tu vas voir...

(Elle chante).

Madame
Trompe son mari,
Avec son plus intime ami,
Car il serait vraiment infâme
De se choisir un compagnon
Qui ne fût pas de la maison.

Une patissière, qui occupait une loge de côté avec son mari... et deux suppléants à ce mari-là, prend la mouche et me lance une orange à la tête... Voyant ça, les époux .. victimés, redoublent d'enthousiasme et bissent vigoureusement... Je salue sans me déconcerter et passe au numéro deux... Il est encore gentil, celui-là...

(Elle chante).

Madame
Ferme ses verroux,
Non à l'amant, mais à l'époux.
Monsieur ailleurs conte sa flamme.
On ne voit ça, mes bons amis,
Que chez les dames de Paris !

Cette fois, ce n'est pas une seule orange que je reçois mais dix, mais vingt, mais cent... Vingt-quatre heures après, j'embaumais encore la gelée.

ROBERT, riant

Pauvre enfant !... Ne pouvant décemment t'offrir la fleur, on t'a fait hommage du fruit.

FANCHETTE

Eh bien ! c'est aimable ce que tu me dis là !

ROBERT

Mais aussi, pourquoi rester en scène ?

FANCHETTE

Tu me connais bien peu !... J'affrontai tranquillement l'orage et quand il fut un peu apaisé, je repris, en feignant de poursuivre mon rôle... (Jouant la comédie). Mes-

dames, je vous jure que je n'avais en vue que l'une de
vous qui, sous le rapport de l'infidélité, mérite particulièrement la pomme... Malheureusement, je n'ai qu'une
orange à lui offrir!... En disant cela, je ramassai la plus
grosse et...

ROBERT

Et?...

FANCHETTE

Je feignis de vouloir la jeter dans la salle... Tableau!...
Toutes les femmes mariées présentes plongent avec
effroi... « Décidément, repris-je alors, il y a trop de
concurrence... Les oranges qui sont là n'y pourraient
suffire... »

ROBERT, riant

Tu as fait ce coup-là?

FANCHETTE

Parfaitement... Là dessus, tu comprends, tempête iné-
narrable... Sans le régiment de Picardie, dont j'ai toujours été la favorite, à cause de toi... je ne serais pas sortie
vivante du théâtre... Inutile de dire que séance tenante,
mon directeur cassait mon engagement... Mais bah! Le
lendemain, j'avais déjà pris une grande résolution .. Les
grandes résolutions, c'est mon fort... Je pars pour Mar-
seille, d'où je m'embarque sur un navire... et me voici à
Lisbonne, auprès de mon chien-chien adoré, que je ne
quitterai plus jamais, jamais...

ROBERT, la relevant

Dis moi, Fanchette, est-ce que tu ne pourrais pas t'ac-
coutumer à ne plus me tutoyer et surtout à ne pas m'appeler ton chien-chien, gros comme le bras?...

FANCHETTE

Plus mon chien-chien!... Mais alors!... Ah! bon!...
Je comprends!...

DUO

FANCHETTE (d'une voix entrecoupée)

Je crois...
Je sens...
Je vois...
J'entends...
Et moi,
Crédule que je suis.
Qui fuis
Pour toi
Mon cher Paris.
Soupirs perdus! Amours trahis!

ROBERT (à part)

Que ne restait-elle à Paris!

FANCHETTE

J'ai tout quitté pour te revoir!

ROBERT (à part)

C'est ça qui fait mon désespoir!

FANCHETTE

J'ai dédaigné des fils de roi!...

ROBERT (à part)

Ces bonheurs-là sont faits pour moi!

FANCHETTE

A mon amour, à mon tourment
Peux-tu rester indifférent?

ENSEMBLE

FANCHETTE	ROBERT, à part
Je me fiais au souvenir.	Comment cela va-t-il finir !
Tu t'éloignais pour me trahir !	Hélas ! pour moi quel déplaisir !
Ah ! le proverbe a bien raison !	Ah ! le proverbe a bien raison.
L'amour, hélas ! a sa saison !	Amours joyeux ont leur saison !

FANCHETTE (criant)

Ah !

ROBERT (effrayé)

Tais-toi ! Tais-toi ! Parle plus bas !
Qu'on ne t'entende pas.
Malheur ! Fanchette un ton plus bas !
Je crois entendre ici des pas !
Eh bien, je t'aime, mais tais-toi !
Je t'ai gardé mon cœur, ma foi !

FANCHETTE (avec explosion)

Il m'aime !

ROBERT

Oui, mais tais-toi !

FANCHETTE (cherchant à l'enlacer)

Il m'aime !...

ROBERT (voulant s'en débarrasser)
Oui, je t'aime !

FANCHETTE (l'embrassant)

Il m'aime !

ROBERT (se dégageant de son étreinte)

Sur ma foi !
Mais il le faut, éloigne-toi !

FANCHETTE

Moi le quitter, quand les beaux jours
Vont revenir pour nos amours!

(Frappant du pied).

Non, non!

(Elle lui prend le bras.

1

Lorsque la nuit était sereine,
T'en souvient-il, ainsi pressés.
Nous suivions le cours de la Seine!

ROBERT (avec une ironie cachée)

Oui, vraiment! Mais pour moi ces beaux jours sont passés.

FANCHETTE (aigrement)

Pourquoi n'en est-il plus ainsi?

ROBERT (avec inquiétude)

La Seine coule loin d'ici.

FANCHETTE

Mauvaise excuse!... N'a-t-on pas,
Dis-moi, le Tage à quelques pas?...

ENSEMBLE

FANCHETTE

Et moi, crédule que je suis!
Qui fuis mon beau Paris.
Non, je n'ai plus, hélas! ton cœur!
Ah! quel malheur!

ROBERT (à part)

Ah! quel ennui, me voilà pris!
Pourquoi quitter Paris?
Non, c'est trop fort sur mon honneur!
Ah! quel malheur!

FANCHETTE (amoureusement)

II

Dans notre chambre de cocagne,
T'en souvient-il, d'amour bercés,
Nous savourions l'ardent champagne ?

ROBERT

Oui, vraiment, mais pour moi ces beaux jours sont passés.

FANCHETTE (avec colère)

Pourquoi n'en est-il plus ainsi ?

ROBERT

Mais la Champagne est loin d'ici !

FANCHETTE

Le choix du vin importe peu.
Xérès, Porto, sont pleins de feu.

ENSEMBLE

FANCHETTE

Et moi, crédule que je suis,
    Qui fuis mon beau Paris !
Non, je n'ai plus, hélas! ton cœur !
    Ah! quel malheur!

ROBERT (à part)

Ah! quel ennui, me voilà pris, etc.

ROBERT

Fanchette, je te dirai, je t'expliquerai, mais il faut que
tu t'éloignes... Il le faut absolument...

FANCHETTE

Et moi je ne pars pas... Quitter mon gentil chien-chien,
lorsque déjà je ne suis pas si sûre de lui !...
                              (Elle l'embrasse).

ROBERT, la repoussant

Eh bien ! apprends...

(Il hésite).

FANCHETTE

J'écoute...

JANUARIO, à la cantonade

Annoncez Don Januario de Pernambuco!...

ROBERT, rassuré

Ah ! Don Januario!... Un de mes amis... N'importe...
Cache-toi vite dans cette pièce...

(Il ouvre une porte à gauche).

FANCHETTE

Tâche de l'expédier promptement... Car tu dois m'ex-
pliquer... Tiens, vois-tu, si tu ne me dis pas tout, tout,
tout, je t'arrache les yeux pour commencer... (Elle reste
sur le pas de la porte. Robert est obligé de la faire entrer de force.)

SCÈNE XIII

ROBERT, JANUARIO, MUNGO; PETITE SUITE

D'ESCLAVES

AIR

JANUARIO

Je suis don Januario,
Paraguasso, Cabo-Frio,
Marquis d'Itapicuro,
Papagayo,
Pernambuco!
Au Brésil j'ai pris naissance,
Sud-Américain,
Voisin
Du peuple indien.
A moi fortune, à moi puissance.

Je ne compte plus
Biens et revenus!
Je suis large en ma dépense,
Car pour moi l'argent
Est même embarrassant.
Il me gâte l'existence.
Ah! comment
Le dépenser gaiment?
Je produis riz, sucre et café,
Ipecacuanha, Benzoë,
Cacao, gomme et quinquina,
Salsepareille et cætera.
Je lave l'or dans l'Uruguay,
J'extrais l'argent au Paraguay;
J'ai là sur moi des diamants
Plus gros que des œufs de faisans.
Mes noirs-esclaves sont nombreux,
Moins que chevaux, moutons et bœufs.
En mon domaine, on voit palmiers,
Cactus, cocos et bananiers,
Serpents, moustiques,
Rhinocéros,
Fièvres, coliques
Et tétanos;
Bref, un pays fort amusant
Et rassurant,
Je vous en parle en conscience,
En ce pays j'ai pris naissance!
Je suis don Januario,
Paraguasso, Cabo-Frio,
Marquis d'Itapicuro
Papagayo,
Pernambuco.
Mes trésors sont nombreux,
Mes domaines fabuleux,
Equipages somptueux,
Caractère aventureux,
Esprit fort et lumineux,
Bon, charmant et généreux,
Chant sonore et vigoureux;
A tous jeux
Toujours heureux;
En un mot, majestueux,
Fastueux,
Amoureux,
Musculeux,
Fameux!

MUNGO

Boum!!

(Januario se retourne. Mungo a repris une attitude impassible).

(Pendant ce morceau, Fauchette a fréquemment gratté à la porte et l'a plusieurs fois entrebaillée. Robert, très agité, n'a été occupé qu'à la faire rester tranquille).

JANUARIO

Ce cher Roberto!... Pardon... je vous dérange?... Vous allez bien?... A la bonne heure!... Moi, passablement... Je vous remercie... A propos, vous avez daigné trouver dernièrement quelque charme à ma tabatière... Me permettrez-vous de vous en offrir une toute semblable... Mungo!

MUNGO

Noble seigneur?

JANUARIO

La tabatière!

(Mungo fait signe à deux autres esclaves. Ceux-ci placent au milieu de la scène une petite table portative et y posent une élégante boîte en maroquin qui, ayant été ouverte, découvre une tabatière, ornée de pierreries, de la grandeur d'une cassette à bijoux ordinaire).

ROBERT, se défendant

Ah! don Januario, je ne sais si je puis accepter...

JANUARIO

Entre amis, point de cérémonies...

ROBERT

C'est que cette tabatière... il est assez difficile de la porter... sur soi!

JANUARIO, d'un air triomphant

Le cas est prévu!... Je joins à la tabatière les deux esclaves chargés de vous suivre avec elle partout où vous irez... Mungo!

MUNGO

Noble seigneur!

JANUARIO

Les esclaves!
(Mungo prend par le collet les deux esclaves, les pousse devant Robert aux pieds duquel ils se prosternent.)

JANUARIO

Quant au tabac, vous l'achèterez... Mungo!

MUNGO

Noble seigneur?

JANUARIO

Ouvrez!
(Mungo ouvre la tabatière, qui se met à jouer un air.)

JANUARIO, avec satisfaction

Hein! une de mes petites innovations. Le *Piano ster-nutatoire...*

ROBERT, prisant

Je la prise...

JANUARIO

Mungo!

MUNGO

Noble seigneur?

JANUARIO

Une prise... aussi...

(Mungo prend du tabac dans la boîte, au moyen d'une louche en or et la présente à Januario qui prise. Puis il ferme la tabatière. L'air cesse immédiatement.)

JANUARIO, négligemment

Demain, je vous en enverrai une demi-douzaine de ce calibre-là !

ROBERT

En vérité, vous êtes d'une magnificence dans vos présents !

JANUARIO, se laissant aller avec noblesse sur le divan.)

Vous nommez cela des présents !... Peuh !... A peine un léger soulagement au lourd fardeau... (Il a envie d'éternuer.) Ce fardeau... qui... que... Mungo ! ..

MUNGO

Noble seigneur ?

JANUARIO

Éternuez pour moi...

(Mungo éternue.)

MUNGO et les ESCLAVES, se tournant vers Januario en s'inclinant

Glorieux seigneur, Dieu vous bénisse !...

JANUARIO

Ah ! mon ami ! Quel ennui que ces richesses ! Imaginez-vous que je ne sais pas même ce qui est à moi, ou plutôt ce qui n'est pas à moi... Lorsqu'on a le malheur d'être le

plus riche de cinq frères qui se partagent pour ainsi dire
le Brésil !...

ROBERT

Et vous vous plaignez ?

JANUARIO, avec complaisance

Le cadet est un peu gêné pour le quart d'heure... Il ne
possède guère qu'une douzaine de millions de pesos....
Nous l'appelons entre nous, pour le faire enrager....
(Il hésite.) Mungo !

MUNGO

Noble seigneur ?

JANUARIO

Comment l'appelons-nous entre nous ?

MUNGO

Le mendiant, glorieux seigneur !

JANUARIO, riant gravement

Ah ! ah ! le mendiant !... Ah ! ah ! (Il s'interrompt brusque-
ment.) Mungo !

MUNGO

Noble seigneur ?

JANUARIO

Riez donc !... Chauffez-moi !

MUNGO, éclatant de rire

Ah ! ah ! ah !

JANUARIO, lui faisant signe de se taire

Assez!... Oh! ces richesses, quel ennui!

ROBERT

Mais vous possédez tous les moyens de vous en guérir, ce me semble. Les spéculations, le vin, le jeu, les voyages, les femmes...

JANUARIO, avec un cri

Les femmes!... Je les exècre en gros, quoique je les savoure en particulier... (Il se lève.) Depuis l'âge de... treize ans, j'en cherche une qui me résiste!... Vain espoir!... Vous comprenez... Jupiter... Danaë... la pluie d'or!... Voilà mon cas... Je les séduis toutes en trois temps et trois mouvements.

ROBERT

Je serais curieux de savoir...

JANUARIO, se posant

Premier temps : Jupiter voit Danaë et en devient amoureux... Pif!... Deuxième temps : Danaë apprend que Jupiter est le plus beau de cinq frères (Avec une fausse modestie.) suffisamment rentés... Pouf!.. Troisième temps : Danaë jure une fidélité éternelle à Jupiter... et lui demande combien il lui donnera par mois pour sa toilette... Pluie d'or et flammes de Bengale... Paf!...

ROBERT, riant

Pif! pouf! paf! Le temps de coucher en joue, de tirer et de ramasser le gibier!

JANUARIO

C'est cela même!... Eh! bien, je vous avoue, don Roberto, que si je rencontrais une femme qui, dans une ver-

tueuse indignation, me gratifiât d'une... (Ennuyé.) d'une...
(Appelant.) Mungo!

MUNGO

Noble seigneur?

JANUARIO

Comment le bas peuple de Bahia appelle-t-il ce que je
voulais dire?

MUNGO

Une giroflée à cinq feuilles, noble seigneur.

JANUARIO, satisfait

Juste... Si, dis-je, elle me gratifiait d'une giroflée à
cinq feuilles, (D'un ton élégiaque.) je l'aimerais toute ma
vie... Et à la seconde...

ROBERT

Oh! la seconde?...

JANUARIO, avec enthousiasme

Je l'épouse.

SCÈNE XIV

LES MÊMES; FANCHETTE

FANCHETTE, sans masque, entrant par la gauche

Je n'entends plus rien... Il doit être parti...

JANUARIO, l'apercevant et faisant un pas en avant

Ciel!...
(Il reste la bouche béante, dans une attitude admirative).

FANCHETTE, effrayée

Dieu! (Elle veut remettre son loup, mais voyant tous les yeux fixés sur elle, elle passe devant Robert auquel elle dit tout bas.) Trop tard?... Bah!...

ROBERT, à Januario

Qu'avez-vous?

JANUARIO, avec chaleur

Premier temps Pif!.. Jupiter a du plomb dans l'aile! (A Fanchette) Senora, veuillez recevoir tous mes hommages... Bas à Robert.) Attention!... Vous allez voir la manœuvre... (Haut avec assurance.) Senora, je suis don Januario... Don Januario, l'archi-millionnaire, le plus beau de cinq frères assez bien partagés de la nature!..

FANCHETTE, riant

Le plus beau?... Quelle famille, alors, quelle famille!...

ROBERT, éclatant de rire

Ah! ah! ah!

JANUARIO, de plus en plus décontenancé

Quoi?... Comment?.. Pardon, senora. je vous disais que je suis Jupiter. (Se reprenant.) C'est-à-dire non... don Januario, Januario le Crésus, qui tiens à votre disposition cent mille pesos (Magnifiquement.) pour vous donner un avant goût de mes libéralités...

FANCHETTE. dédaigneusement

Cent mille pesos!... Piètre entrée en matière!...

JANUARIO

Eh quoi!... Vous ne tombez pas dans mes bras, adorable Danaë?.. Paf?

FANCHETTE

J'ai glissé quelquefois, mais je ne tombe jamais .. Et puis, ça dépendrait de la place.

JANUARIO

Etonnant ! (Bas à Robert.) Quelle est cette fière créature ?

ROBERT, de même

Une comédienne de Paris...

JANUARIO, s'allumant

Une actrice ? Vos amours...

ROBERT, froidement

Passées...

JANUARIO, avec inquiétude

Mais avec qui vous voulez renouer ?

ROBERT, d'un ton dégagé

Non .. Poussez votre pointe en toute liberté !...

JANUARIO

Comment, si je vais pousser ma pointe ! Une comédienne... Je n'en ai pas encore eue... (Haut.) Mungo !

MUNGO

Noble seigneur ?

JANUARIO

Les brillants !
(Mungo vide sur une assiette en or que lui apporte un des esclaves

une escarcelle en velours qui lui pend à la ceinture et qui est pleine
de diamants, de la grosseur d'un œuf de poule.)

FANCHETTE, à Robert

Quel est ce fantoche?

ROBERT

Un trillionnaire... Il t'aime à en perdre la tête...

JANUARIO, faisant son choix

Celui-ci? Non!... (Cherchant encore.) Celui-là? Encore
moins.., (Même jeu.) Mauvaise eau... Trop petit... (Même
jeu.) Ah! voilà notre affaire! (A Fanchette.) La senora me
permettra-t-elle de déposer dans ses belles mains, la première pierre de notre future alliance?

FANCHETTE, faisant la prude

Un cadeau?... S'il ne m'engage à rien, je n'y vois pas
d'inconvénients.

JANUARIO

Charmante!... Pourrais-je prendre en échange un seul
petit baiser...

FANCHETTE, voulant lui rendre son diamant

Oh! oh! c'est là un assez... libre échange...

JANUARIO

Je suis pour la suppression des droits de douane.

FANCHETTE, d'un ton de reine

Allons, je le veux bien!

(Elle lui tend la main avec majesté.)

JANUARIO

Mungo!

ROBERT, à voix basse

Eh quoi! Vous voulez que votre esclave?...

JANUARIO, majestueusement

Pour qui me prenez-vous? En amour, je vous prie de
le croire, je fais tout par moi-même... Mungo!

MUNGO

Noble seigneur?

JANUARIO

Sortez!...
(Mungo et les esclaves s'emparent de la table et disparaissent en
un clin d'œil).

JANUARIO, embrassant longuement la main de Fanchette

Senora! Je suis votre esclave! Disposez de ma personne, de mes milliards, de tout ce qui m'appartient... Je
suis le plus généreux de cinq frères...

FANCHETTE

Eh bien! donc mon, cher Février...

JANUARIO

Januario, Januario...

FANCHETTE

Janvier, soit... Vous pouvez vous représenter en
Décembre.

JANUARIO

En Décembre, impossible .. Il faut que je reparte en Octobre pour le Brésil.

FANCHETTE

Comme j'ai retrouvé mon petit Robert, je m'en vais d'abord, achever avec lui le joli moi de Mai!

(Elle saute au cou de Robert).

JANUARIO, haut et ROBERT, à part

Oh! malheureux!

ROBERT, à part

Comment m'en débarrasser? (On entend ouvrir la porte secrète). — (Avec épouvante.) La reine!... Non!... Dieu soit loué!... Ce n'est que sa suivante!

SCÈNE XV

LES MÊMES; DONA ANTONIA

QUATUOR (A DEMI VOIX)

ROBERT (introduisant Antonia)

Vous êtes là?

ANTONIA

Cet entretien?...
(Voyant qu'il y a du monde, elle veut se retirer)

FANCHETTE et JANUARIO (à part)

Qu'est celle-là?

ROBERT (rassurant Antonia)

Ne craignez rien!

(La présentant).

Dona Antonia
Suivante de la reine...
(Antonia salue).
Mamzell' Fanchette, une actrice en faveur. .
(Fanchette salue).
Don Januario, brésilien et... planteur

JANUARIO (saluant)

J'ai bien l'honneur !

FANCHETTE (à part, regardant Antonia)

Frisant la quarantaine !
Par là, point de danger,
Car je connais ses goûts.
ROBERT (bas à Antonia)
Daignez me protéger...
(Aux autres).
Bientôt je suis à vous !

JANUARIO (distrait)

Mungo !
(Se reprenant).
Distrait !... Vraiment !
(Avec résolution).
Mes feux sont déclarés.
(Prenant Fanchette à part).
De grâce, un seul moment.
(Aux autres).
Vous nous excuserez !

ANTONIA (bas à Robert)

En quoi pourrais-je vous servir ?
(Fanchette prête l'oreille pour surprendre la conversation),

JANUARIO (à Fanchette)

Galant chevalier, je veux vous chérir !
A moi d'accomplir
Le moindre désir.
De mes trésors soyez maîtresse.

ANTONIA (bas)

En quoi faut-il vous secourir ?

ROBERT (bas, en montrant Fanchette)

Une amourette de jeunesse,
Moi, de la reine et l'amant et l'époux!

JANUARIO

A vos genoux...

FANCHETTE (avec impatience)

Plus bas, on a les yeux sur nous !

ROBERT (à Antonia)

Pour mon repos, pour ma tendresse,
Eloignez-la, je n'espère qu'en vous !

JANUARIO

Mungo!... Toujours!...

(A Fanchette).

Enchanteresse!

FANCHETTE, avec dépit.

Je n'entends rien.

(A Januario).

Que disiez-vous ?
ENSEMBLE
Parlons bas !
Point d'éclats
Par prudence il faut se taire.
Observons
Et gardons
Le secret et le mystère.
L'on chuchote
L'on complote
On se cache et l'on fait bien.
Le murmure
Bruit et dure,
Mais personne n'entend rien !

<table>
<tr><td>

ANTONIA à ROBERT

Fort bien! fort bien!
Je n'en dirai rien!
Oui, je vous comprends bien.
Fort bien, fort bien!

</td><td>

ROBERT à ANTONIA

Fort bien! Fort bien!
Ne trahissez rien.
Surtout, cachons-nous bien.
Tout ira bien.

</td></tr>
<tr><td>

FANCHETTE, à part

Non rien! non rien!
Mais nous verrons bien!
Surtout ne disons rien!
Non rien! Non rien!

</td><td>

JANUARIO, à part

Fort bien! Fort bien!
Je n'y comprends rien!
Mais tout va fort bien!
Fort bien! Fort bien!

</td></tr>
</table>

ROBERT (allant à Fanchette, à voix basse)

Tu ne peux pas rester, chère âme,
Ici publiquement.

FANCHETTE (à part)

Ah bah! Vraiment!

ROBERT

Mais au château de cette dame,
On t'offre un logement.

FANCHETTE (à part)

De plus en plus charmant.

ANTONIA (prenant Fanchette à part)

Le mieux sera, je crois...

JANUARIO (prenant Robert à part)

Je veux savoir de vous...

ANTONIA (aux hommes)

Messieurs, excusez-moi!

JANUARIO

Madame, excusez-nous.

4

ANTONIA (à Fanchette)

Près de Lisbonne, à ma campagne,
Voulez-vous être ma compagne ?
J'y vais dans un instant,
Et ma voiture nous attend.

FANCHETTE (saluant)

C'est trop d'honneur !...

                                 (A part.

Bientôt,
J'aurai le mot
De ce complot !

JANUARIO (à Robert, montrant Fanchette)

Chassé-je sur vos terres
En l'enlevant d'ici ?

ROBERT (riant)

Nous partageons en frères...

JANUARIO (lui serrant la main)

Je l'entends bien ainsi.

ANTONIA (à Robert)

Je vous l'enferme et dès ce soir !
(Elle fait le geste de tourner une clef).

JANUARIO (à Fanchette)

Tantôt pourrais-je vous revoir ?

ROBERT (à part)

De bons verrous !... C'est bien trouvé !
Par ce moyen je suis sauvé !

FANCHETTE, (à part)

Bientôt j'aurai le fond du sac
De ce mic-mac !

Ensemble (*reprise*).

Parlons bas, etc.

JANUARIO, (saluant)

Chères dames !...

(A Robert).

A vous de cœur.

ROBERT

Jusqu'à demain.

ANTONIA et FANCHETTE (saluant)

Noble seigneur !

JANUARIO à FANCHETTE

Je vous rejoins... Soyez sans peur !

(Haut).

Mungo !

(Se reprenant).

J'y tiens !

(Saluant encore).

J'ai bien l'honneur !

TOUS

Fort bien ! Fort bien !
Ne négligeons rien !

(Januario sort par le fond).

SCÈNE XVI

LES MÊMES, moins JANUARIO

ANTONIA

Ainsi, Mademoiselle, tout est bien convenu... Dans un
instant, à la porte du jardin...

(Elle va pour sortir).

ROBERT, saluant

Madame la marquise !

FANCHETTE, pliant le genou avec affectation

Madame la marquise !

DOMINGUOS, dans la coulisse

Son Excellence doit être chez elle...

ANTONIA

Ciel ! mon mari !

(Elle remet son loup).

FANCHETTE

Son mari... Ah ! je comprends...

(Elle fredonne).

Madame
Trompe son mari
Avec ..

ROBERT, impérativement à Fanchette

Remets ton masque...

SCÈNE XVII

LES MÊMES ; DOMINGUOS

DOMINGUOS, entrant, fort empressé...

Au nom de la reine !...

ROBERT, impatienté

C'est convenu.

DOMINGUOS, interdit

Excellence!.. Sa Majesté a exprimé le désir... (Apercevant Antonia et Fanchette, à part). Deux femmes, à présent!.. Ce Robert est la chance en personne naturelle!.. (Saluant à l'espagnole,. Mesdames...

FANCHETTE, à part

Le chimpanzé de tout à l'heure!.. S'il a le malheur de m'approcher!..

ROBERT, très agacé

Eh bien donc, Monsieur le maitre des cérémonies?...

DOMINGUOS, à part

Comment savoir qui m'a fait cadeau de ce... de cette... (Il se frotte la joue. A Robert). Dites-moi donc... laquelle de ces deux dames était ici... tantôt?

ROBERT, retenant son envie de rire

Toutes les deux.

DOMINGUOS

Toutes les deux!... Hum! hum!.. (Il lorgne Fanchette, en se dirigeant vers elle).

FANCHETTE, levant involontairement la main

Oh!

DOMINGUOS, s'arrêtant, à part

C'est elle!.. (Il se dirige vers Antonia. qui fait le même geste). Celle-là aussi... Ah! bah! Je n'ai pourtant reçu qu'une gifle...

ROBERT, très agacé

M'apprendrez-vous enfin?...

DOMINGUOS, intrigué

Sa Majesté la Reine... a donc exprimé... le désir... de voir défiler devant elle ses cadets de marine...

ROBERT

Je suis aux ordres de Sa Majesté... Venez-vous?

DOMINGOS

A l'instant !...

ROBERT, bas à Fanchette

Dans dix minutes, la voiture vous attendra...
> (Les deux dames ôtent leurs loups).

ANTONIA à FANCHETTE

Un valet viendra vous avertir...
> (Elle se dirige vers la porte secrète).

FANCHETTE, à part

Allez, allez, je lis dans votre jeu !
> (Dominguos revient sur ses pas.

ANTONIA et FANCHETTE, remettant leurs masques

Ah !

DOMINGUOS

Don Roberto !

ROBERT, outré

Eh bien ! Qu'y a-t-il encore?

DOMINGUOS, poliment

Il y a que j'ai l'honneur d'attendre votre Excellence !

ROBERT, s'accrochant à lui et l'entraînant

Allons !...

DOMINGUOS, pensif, à part

Laquelle des deux pourrait bien être ma femme ? (Il sort avec Robert. Antonia disparaît par la porte de gauche).

SCÈNE XVIII

FANCHETTE, seule, ôtant son masque

Ah ! ah ! mes bons amis, vous croyez m'éloigner, m'emprisonner peut-être... Vous me supposez donc plus sotte que l'épouvantail de tout à l'heure... Mais vous apprendrez à me connaître... Quant à ce traître de Robert, je le poursuivrai, je le tourmenterai, je le persécuterai jusqu'à ce qu'il se rende à merci !... Abandonner un pareil bijou aux intrigantes de Lisbonne !... Jamais... Je saurai soutenir dignement l'honneur de la France !...

JANUARIO, dans la coulisse

Senora, senora Fanchettina !..

FANCHETTE

Le Février !... Voici l'instrument de ma vengeance !... Pour commencer, je vais lui procurer la faveur d'un petit voyage de nuit avec la respectable marquise.

(La nuit vient).

SCÈNE XIX

FANCHETTE, JANUARIO

DUO

JANUARIO

Seule, ô bonheur!

FANCHETTE

Mon cher seigneur!

JANUARIO

Puis-je avoir
L'espoir?

FANCHETTE (coquettement)

Mais, il faudra voir!

JANUARIO (avec suffisance, à part)

Le tour est fait.

FANCHETTE (coquettement)

Etes-vous prêt,
A n'entendre et voir
Que par mon vouloir?
A ce prix, un jour,
Peut venir l'amour.

JANUARIO (avec enthousiasme)

Faut-il que je soulève
La terre avec le ciel?

FANCHETTE

Il faut que l'on m'enlève,
C'est bien plus naturel!

JANUARIO (lui présentant son bras)

Vous enlever?... Mais c'est charmant !

FANCHETTE

Halte!... un petit renseignement.
Où me menez-vous ainsi?

JANUARIO (avec fierté)

Au Brésil, dans ma patrie!...

FANCHETTE

Le Brésil?... Est-ce loin d'ici ?

JANUARIO

A deux pas, ma chère amie.

FANCHETTE

A deux pas?.. Mais, sans argent
Voyager est imprudent.

JANUARIO

Vous userez de tous mes biens...
                        (Fièrement)
Dans le pays duquel je viens...

FANCHETTE (avec impatience)

Un peu plus vite, s'il vous plaît!

JANUARIO (de même)

Tout est plus grand et plus complet...

FANCHETTE

Ce beau pays, venons au fait ?

JANUARIO

Au fait?

FANCHETTE

Au fait.

JANUARIO

Le Portugal c'est bien gentil,
Mais rien ne vaut mon cher Brésil !
Auprès de vos troupeaux beuglants,
Nos buffles sont des éléphants.
Là-bas, le singe des forêts
Ressemble à l'homme traits pour traits.
Sur l'Amazone, au cours fameux,
Vibre toujours un chant joyeux !
La, la, la, la, la, la, la, la !

FANCHETTE (mêlant sa voix à la sienne)

La, la, la, la, la, la, la, la !

(Riant.)

Le joli chant !

JANUARIO (lui présentant son bras)

Voici l'instant.

FANCHETTE (se dégageant)

Non, d'abord vous.
Craignons les yeux jaloux.
A l'angle de la porte obscure
Nous attend une voiture.
Venez vous y glisser sans bruit,
Lorsque viendra la douce nuit.

JANUARIO (avec joie)

O douce nuit !

FANCHETTE

Suivez l'amour qui vous conduit.
Venez sans bruit.

JANUARIO (soupirant)

Pour mon ardeur quel doux espoir !
Je crois déjà m'y voir !

FANCHETTE

A ce soir!

JANUARIO

Doux espoir!

FANCHETTE

Le jour fuit.

JANUARIO

C'est la nuit!

ENSEMBLE

FANCHETTE (à part)

Je voudrais bien voir leur figure,
En découvrant dans la voiture
Ce beau galant!

JANUARIO (à part)

Quoi, l'enlever dans sa voiture!
Je suis ravi de l'aventure!
Ah! c'est charmant!

FANCHETTE (à Januario)

Voici le soir!

JANUARIO

O doux espoir!

ENSEMBLE

FANCHETTE (ironiquement); JANUARIO (avec amour)

Tous les deux.
Amants heureux,
Nous fuyons, gais oiseaux,
Par monts et par vaux!

> Ouvre l'aile,
> Tourterelle,
> Aux beaux jours
> Des amours !
> Un amant
> Généreux,
> Rarement
> Est fâcheux !
> Profitons
> Du moment
> Et fuyons
> Allègrement !

JANUARIO (avec enthousiasme)

Le vent souffle dans la voile.

FANCHETTE (l'imitant)

Nous rayons la vaste mer !

JANUARIO

Confiants dans notre étoile.

FANCHETTE

Et riant du gouffre amer !

ENSEMBLE

Allons, allons, il faut partir !
La nuit cachera notre ivresse !
N'allons pas nous trahir !
Ah ! quelle allégresse !
Ah ! quel plaisir !

(Fausse sortie de Januario).

FANCHETTE, à part

Monté comme il est, mon Brésilien va se permettre des choses très risquées... Quelle position pour la sensible Antonia !... Si elle crie, elle est perdue de réputation... Si elle ne crie pas.... oh ! ma foi, la nuit tous les chats sont gris!...

JANUARIO

Délirante comédienne !

FANCHETTE

Eh ! quoi, vous êtes encore là ? (Feignant d'être effrayée de ses regards.) Oh ! quels yeux !... Songez-y, si vous vouliez profiter de l'obscurité pour vous permettre... quoi que ce soit, vous rencontreriez une belle résistance (A part) Ça va le rendre encore plus entreprenant...

JANUARIO

De la résistance ?... Il n'en faut pas !... Mungo !.. Ah ! bon, j'oublie toujours qu'il est des choses qu'il faut savoir faire soi-même.

ROBERT, dans la coulisse

Je n'y suis pour personne, entendez-vous, pour personne !

FANCHETTE

Robert !... Vite à la porte du jardin... Montez toujours dans la voiture... Je vous rejoins dans un instant... Et fouette cocher !...

JANUARIO

J'obéis, adorable écrin de mes espérances !
(Il va à la rencontre de Robert. Fanchette se cache.)

SCÈNE XX

JANUARIO, ROBERT, FANCHETTE, cachée

ROBERT

Encore ici, don Januario ?

JANUARIO

Grandes nouvelles!.. Troisième temps... Elle m'aime!.. Paf!...

ROBERT

Qui ça?

JANUARIO

Danaë, autrement dite Fanchette!

ROBERT

Bravo!

JANUARIO

J'en suis à l'enlèvement... La voiture est à la porte....

ROBERT, à part

Ma foi, j'aime autant cela! (Haut.) Mes félicitations et bon voyage!

FANCHETTE, à part

Sans cœur!

ROBERT

Et vous allez au Brésil?

JANUARIO

Où elle voudra!... Au bout du monde... O Danaë! ouvre ton parapluie, ma fifille, il va tomber de l'or à causer des inondations sur ton passage... Adieu, don Roberto, adieu!... et merci! Troisième temps... Paf!

(Il sort vivement.)

SCÈNE XXI

ROBERT, FANCHETTE, puis RODRIGUEZ et

DEUX VALETS

ROBERT, se frottant les mains

A merveille!... Ah! il y a longtemps que je n'ai respiré plus à l'aise... Voilà Fanchette emballée, et pour toujours, j'espère...

FANCHETTE, à part

Dire que pendant trois semaines, je suis restée fidèle à ce monstre-là !

(Elle se cache en voyant Rodriguez, qui entre avec deux valets portant une table toute servie, sur laquelle se trouvent deux couverts et des flambeaux. Rodriguez est lui-même chargé de flacons qu'il dispose sur la table.)

Jour.

ROBERT, avec impatience, aux domestiques

Dépêchez !

(Les domestiques sortent.)

Rodriguez !...

RODRIGUEZ

Monseigneur ?

ROBERT

Fais bonne garde... Et que personne n'entre ici...

RODRIGUEZ

Soyez tranquille, Excellence.

(Il sort.)

FANCHETTE

Il y a encore une femme sous roche, je le parierais....

(Elle s'avance doucement, sans être aperçue de Robert, et se verse à boire.)

FANCHETTE, levant son verre

Au régiment de Picardie!

ROBERT, bondissant

Grand Dieu!... Toi ici?

FANCHETTE, tranquillement

Comme tu vois... Excellence.

ROBERT

Alors, je suis perdu!... Malheureux!

FANCHETTE, s'asseyant

Deux couverts!... Quelle attention délicate!... Ainsi qu'autrefois,... à Paris... Comment nommes-tu ce petit crû-là?... Monseigneur!... (A part.) Il enrage! .

ROBERT, regardant du côté de la porte secrète

Je crois entendre des pas!

FANCHETTE, plus haut

Et bien! le vin... Comment s'appelle-t-il?

ROBERT, distrait

De l'Alicante!... (Suppliant). Au nom du ciel, Fanchette, va-t-en...

FANCHETTE

M'asseoir à table.... Bien volontiers !... Excellence.... (Elle s'assied). Et toi... grand, grand, polisson... de Portugal, veux-je dire, tu ne soupes pas ?..... Attendrais-tu encore quelqu'un?

ROBERT, *résolûment*

Eh bien ! oui !

FANCHETTE, *se levant avec colère*

Une femme ?

ROBERT, *de même*

Oui !

FANCHETTE, *tranquillement*

Eh bien ! tant mieux !.... Plus on est de fous, plus on rit... Tu verras, je la ferai rire, moi.... je connais certaines anecdotes... (Criant). Il y avait une fois un lieutenant...

ROBERT, *suppliant*

Je t'en conjure, tais-toi... Plus un mot du passé !

FANCHETTE, *se montant*

Tu l'as oublié, n'est-ce pas, ingrat, ce passé si riche en tendres souvenirs ?.... Lorsque mon cœur battait comme autrefois à l'idée de te revoir, lorsque je me faisais une fête de ton joyeux accueil, tu m'as reçue (Furieuse) comme un brutal parvenu, une Excellence de rencontre, un flagorneur de reines... Et ce qui est plus abominable encore, tu disposais de mon avenir, avec l'aide d'une grande dame..... (Éclatant). ta maitresse ! ..

ROBERT

Tu es folle !

FANCHETTE, *avec plus de force*

Avec l'aide de ta maitresse, dis-je, et d'un fantoche de Brésilien .. (Imitant Januario) le plus stupide de cinq frères triomphalement nuls... Ah! ah! (L'imitant) Vous l'enlevez?... Mes félicitations et bon voyage!... Fanchette est emballée, et pour toujours, j'espère... (Ton naturel). Fi! tu déshonores le régiment de Picardie! (S'attendrissant). Perfide, ingrat... suborneur!....

(Elle s'essuie les yeux).

ROBERT

Je puis te jurer!...

FANCHETTE, pleurant

Tu repousses la pauvre Fanchette... Ah! que je suis malheureuse!... Pourquoi suis-je venue au monde... Oh! ma mère! ma mère! (Se redressant tout à coup avec colère). Mais non, ça ne passera pas comme ça!.... J'y suis, j'y reste.... C'est ici chez toi, chez moi, chez nous, comme au bon temps... (Elle s'assied à la table).

ROBERT, avec fermeté

Fanchette, ça ne se peut pas!

FANCHETTE, railleuse

Ah bah! Et pourquoi?

ROBERT, d'un air sombre

Tu joues en ce moment, de gaîté de cœur, ta liberté et la mienne!.. Qui sait, notre vie à tous les deux...

FANCHETTE, sursautant

Notre vie! Pas de mauvaises plaisanteries, n'est-ce pas?... Tu crois que cette marquise?...

ROBERT

Eh! Si ce n'était que la marquise!...

FANCHETTE, de plus en plus inquiète

Eh quoi!.. Une autre plus puissante encore?..

ROBERT, avec résolution

Oui !... Si elle devait te trouver près de moi, tu irais passer le reste de tes jours au *Santo Bento!*

FANCHETTE

Le *Santo Bento*... Qué qu' c'est qu' ça ?

ROBERT

La Bastille de Lisbonne!

FANCHETTE, épouvantée

La Bastille! Mais saperlipopette, pourquoi ne m'as-tu pas dit ça tout de suite... Et cette dame, c'est??

ROBERT, avec terreur

Tu veux le savoir?... O ciel!... Des pas dans l'escalier... C'est elle... la reine... mon épouse!...

FANCHETTE

Ton épouse... Imbécile, qui es incognito Roi de Portugal et qui se laisse traiter par moi comme un galopin!.. (Regardant avec effroi autour d'elle). Où fuir, où me cacher?...

ROBERT

Là, là!

(Il la pousse vivement dans la chambre de gauche, dont la porte se ferme au moment où la reine entre par l'escalier dérobé.)

SCÈNE XXII

ROBERT, LA REINE

LA REINE, soupirant joyeusement

Enfin !... Voilà les affaires du royaume expédiées... J'ai été Reine assez longtemps. je puis bien redevenir femme pendant quelques heures. (Apercevant Robert.) Robert... que faites-vous à cette porte ?

ROBERT, presque défaillant

Moi ?... Je mettais le verrou pour qu'on ne pût nous surprendre !...

LA REINE

Ce trouble, cette attitude embarrassée ! Qu'y a-t-il donc ?

ROBERT, vivement

Rien .. Je vous le jure, rien.

LA REINE

Mais vous êtes pâle comme un mort... Vous baissez les yeux, vous tremblez... (Avec explosion.) Qui avez-vous fait cacher dans cette chambre ?

ROBERT

Personne...

LA REINE, avec violence

Ouvrez cette porte... Je vous l'ordonne, moi, la reine !...

ROBERT

Je suis aux ordres de Votre Majesté .. Mais j'aurais
cru, Madame... (*Mouvement impérieux de la reine. Il s'incline.*)
J'obéis... (*A part.*) Perdu!... Cette chambre n'a qu'une
entrée!...

(Il va pour ouvrir la porte.)

LA REINE, honteuse de ses soupçons

Non! Non!... Robert, je vous crois!... Toujours
cette affreuse jalousie!... (*Elle lui saute au cou.*) Pardonne-
moi!...

ROBERT, avec bonheur

O Maria! Merci pour cette noble confiance!... Ma vie
tout entière...

(*Tumulte au dehors. On distingue les voix de Dominguos et de
Rodriguez.*)

SCÈNE XXIII

LES MÊMES; DOMINGUOS, NORBERTO, FRAN-
CESCO, JOAQUINO, GARDES, OFFICIERS, SEI-
GNEURS et DAMES.

FINALE

DOMINGUOS

Je ne puis plus me taire!
Il faut éclaircir
Cet horrible mystère
Qui me fait frémir.

ENSEMBLE

ROBERT et LA REINE

Qui le peut ici porter
A venir nous persécuter?

CHŒUR (riant)

Il nous force à constater
L'accident qu'il croit... porter!

DAMES et SEIGNEURS (bas)

Le triste époux
Qui geint à l'étourdie,
De son courroux,
Voyons la comédie!

ROBERT à Dominguos (en riant)

A votre âge
C'est d'usage.
On n'y voit jamais beaucoup.
Vos lunettes,
Sont peu nettes.
Prenez garde au casse-cou.

DOMINGUOS (avec indignation)

Quoi l'infâme,
Dont ma femme
A souffert l'indignité,
Cœur de roche,
Me reproche
Ma commode infirmité!

DAMES et SEIGNEURS (bas)

Le triste époux
Qui geint à l'étourdie!
De son courroux,
Voyons la comédie!
De son malheur amusons-nous!

DOMINGUOS (furieux à Robert)

Dans cette cour tous connaîtront
Ta lâche injure et mon affront.

I

Sous un loup discret,
Déroutant mes yeux,
La marquise était
Seule dans ces lieux.

Mais son lâche amant
Dirigeait sa main.
Par un mot frappant...

(Il fait le geste de donner et de recevoir un soufflet, puis il se
frotte la joue.)

J'ai vu clair enfin!
Hin!
Quel poignet d'airain!

TOUS (riant)

En un tour de main
Hin!
Il voit clair enfin!

DOMINGUOS

II

J'ai longtemps douté,
Mais ce coup, d'honneur,
De ma cécité
M'a fait voir l'horreur.
L'écart de vertu
Par moi garanti,
Je ne l'ai pas vu,
Mais je l'ai senti!

(Mêmes gestes).

Hi!
Je suis averti.

TOUS (riant)

Le voilà loti!
Hi!
Il est averti!
Ah! ah! oh! oh! hi! hi!

DOMINGUOS (montrant la reine)

La voilà! Ce loup trompeur,
Cache sa rougeur!

(Il veut lui arracher son masque).

ROBERT (tirant son épée et se plaçant devant la reine,

Qui s'avance encor d'un pas,
Sentira peser ce bras !
A lui le trépas !

            (Quelques officiers tirent l'épée).

LA REINE, se plaçant entre eux

Arrêtez et calmez cet émoi !

            (Avec noblesse).

Seule, ici, la reine
Impose sa loi !

            (Elle se démasque).

TOUS (stupéfaits, en s'inclinant respectueusement)

La reine ! Eh quoi !

LA REINE

Oui, votre souveraine !
En votre honneur,
Qui vient fêter le nouveau gouverneur !

DOMINGUOS (s'entêtant)

C'est l'autre, alors, mais je saurai...

LA REINE (avec jalousie), LE CHŒUR (avec surprise)

Une autre !

DOMINGUOS

Bon ! Je trouverai !
Elles étaient deux !...
On m'en fait gober ! ..
(Désignant la chambre où se cache Fanchette).
Cette porte aux yeux
Doit la dérober.

ROBERT (à part)

O ciel !

LA REINE (avec jalousie)

Qu'ai-je entendu ?...

DOMINGUOS

Or, j'ai très bien vu...

ROBERT (essayant de tourner la chose en plaisanterie)

Marquis, le conte est saugrenu !

DOMINGUOS (piqué)

J'y vois fort mal,
C'est constaté.
Mais c'est égal,
La vérité,
C'est qu'en ces lieux
J'en ai vu deux !

     (Tâtant sa joue).

J'ai pour garant
Mon incident.

CHŒUR.

Il le prétend
Obstinément !

LA REINE (regardant fixement Robert)

Afin que ce mystère
D'un nouveau jour s'éclaire,
Il est un sûr moyen.

     (Résolûment).

Qu'on ouvre !

ROBERT (avec désespoir, à part)

C'est la fin !

DOMINGUOS (s'approchant de la porte, à la reine)

Vous permettez !

     (Il ouvre la porte).

ROBERT (anéanti)

Fatal moment !

SCÈNE XXIV

LES MÊMES ; FANCHETTE, (en costume de gala d'aspirant
de marine).

(Elle entre lestement en scène, se courbe légèrement devant les
assistants et se tourne ensuite vers Robert. La porte reste toute
large ouverte).

DOMINGUOS (se reculant avec surprise)

Que vois-je, un homme?

TOUS

Un aspirant !

ROBERT, à part

Fanchette !...

LA REINE (regardant dans la chambre)

A tort, on l'accusait.

FANCHETTE (à Robert)

Seigneur, à l'ordre j'ai forfait !
J'ai mérité votre colère,
Mais au bruit qu'on vient de faire,
J'ai cru qu'on m'appelait !

LA REINE (à Fanchette)

Vous êtes?

FANCHETTE (ôtant respectueusement son chapeau)

Un cadet...
                                (Montrant Robert)
Que Monseigneur lui-même à sa marine forme...

LA REINE

Et cet habit?

ROBERT

Le nouvel uniforme.
Le trouvez-vous assez gentil?
                                (La reine regarde Fanchette).

DOMINGUOS, à Robert

L'enfant arrive?....

ROBERT (vivement)

Du Brésil!
C'est le neveu de notre ambassadeur.
Nous en parlions tantôt.

DOMINGUOS

Un polisson!

FANCHETTE (saluant et faisant à part elle le geste de
donner un soufflet)
                                Seigneur!

ROBERT (présentant Fanchette, — Parlé)

Don Mauritio Agosto de Queroga!...

FANCHETTE (parlé)

Quel nom... Je ne pourrais jamais retenir tout ça!

LA REINE (bas à Robert en lui lançant un regard plein
de confusion)

Ah! je gémis...

(A Fanchette).

Un tel voyage doit instruire...
Vous nous venez d'un beau pays.
Pouvez-vous nous le décrire?

ROBERT (très inquiet)

Pourvu qu'elle s'en tire!

FANCHETTE (avec assurance, répétant ce que lui a dit Januario)

Le Portugal est bien gentil,
Mais rien ne vaut mon cher Brésil.
Auprès de vos troupeaux beuglants,
Nos buffles sont des éléphants.
Là-bas le singe des forêts,

(Regardant Dominguos).
Ressemble à l'homme traits pour traits.
Sur l'amazone, au cours fameux,
Vibre toujours un chant joyeux :
(A la manière des chants créoles de l'Amérique du Sud).
La, la, la, la, la, la, la, la, la!

LA REINE et le CHŒUR répétant

La, la, la, la, la, la, la, la, la!

FANCHETTE (sentencieusement, à part)

Pour faire ton chemin,
O toi qui veux savoir,
Ecoute le matin :
Tu rediras le soir?
La, la, la, la, la, la, la, la, la!

TOUS

La, la, la, la, la, la, la, la la!

CHŒUR

L'enfant a de l'esprit,
Il dit bien ce qu'il dit,
Et son récit vraiment
Est fort intéressant!

LA REINE (en souriant)

Avec cet air, il se pourrait
Qu'il fût mauvais sujet!
Pour moi, Messieurs, je n'en crois rien,
Et je lui veux du bien!
A votre choix, cher gouverneur,
Ici chacun doit rendre honneur!
Cet uniforme est ravissant,
Ainsi que l'aspirant!

TOUS

Cet uniforme est ravissant,
Ainsi que l'aspirant!

LES ASPIRANTS (derrière la scène)

Hoyo! Hoyo!
Hoyo! Hoyo!

NORBERTO (à Robert)

Le corps des aspirants, vient acclamer en chœur
Son chef aimé, son maître et gouverneur!

LA REINE à Fanchette)

Çà! prenez place à votre rang.

(A part).

Voyez, déjà l'air conquérant,
Il ira loin vraiment!

CHŒUR

Cet uniforme est ravissant,
Ainsi que l'aspirant.

(Les draperies du fond sont relevées et laissent voir la ville brillamment illuminée. Les personnages en scène se sont rangés pour faire place au défilé des aspirants).

ROBERT, prenant Fanchette à part sur l'avant-scène de droite
(Dialogue sur la musique).

Puisque te voilà homme, eh bien ! tu le resteras !

FANCHETTE. parlé

Pour longtemps ?

ROBERT, de même

Pour toujours, ou nous sommes perdus tous les deux !

FANCHETTE, de même

Pour toujours !... Eh bien ! ça peut devenir drôle !...

SCÈNE XXV

LES MÊMES ; LES ASPIRANTS

(Les cadets, dont le costume ordinaire diffère de celui de Fanchette, entrent et défilent devant la reine qu'ils saluent militairement).

CHŒUR D'ASPIRANTS

Voici les cadets, les cadets de marine,
Marchant joyeux,
Et deux par deux !
Forts sur la discipline,
Exerçant,
Paradant,
Défilant,
Saluant,
Doux et courtois
Au signal d'un, deux, trois.
Hoyo ! hoyo !
Hoyo ! hoyo !
Tra, la, la !
Les cadets, les voilà !
Hoyo ! hoyo ! hoyo ! .
Tra, la, la !
Les aspirants sont là !

(Ils se divisent en trois groupes, au milieu de la scène).
(En se balançant.) — *Portugaise*.

Sur les ondes
Profondes,
Nous voguons, hardis et forts !
Les confins des deux mondes
Nous livrent leurs trésors !
L'Océan, bouillant de rage,
Entrechoque nos vaisseaux.
Nous savons dompter l'orage
Et lutter avec les flots !
Sur les ondes, etc.
Voici les cadets, les cadets de marine, etc.

(Les cadets reprennent leur rang, en deux colonnes, une à droite et une à gauche et se remettent en mouvement. Robert et les officiers s'occupent à les faire marcher en bon ordre).

DOMINGUOS, (à part)

Soit, mais tout ça ne m'apprend pas,
Qui m'a ravi ma femme, hélas !

LES ASPIRANTS

Vive le contre amiral !

ROBERT (qui a tiré l'épée, ainsi que les autres officiers, s'inclinant
devant la reine)

La reine, au nom du Portugal,
Me rend puissant et fier !
(Avec les officiers).
Pour la servir, ce bras loyal,
Amis, sera de fer !

TOUS

Nous conquerrons } au Portugal,
Ils conquerront }
Le sceptre de la mer.
Honneur et gloire au Portugal,
A lui la vaste mer !

FIN DU PREMIER ACTE

ACTE DEUXIÈME

Le Jeu d'échecs de la Reine

L'Académie royale de marine. — A droite et à gauche, balcons élevés de deux marches, adhérant aux bâtiments de l'école. — Au pan coupé de droite, le portique d'entrée; à celui de gauche, une porte. — Au fond, une baie découvrant le port de Lisbonne. — Au-dessus de cette baie une galerie reliant entre eux les deux bâtiments principaux. La terrasse centrale est dallée en pierres rouges et blanches, offrant exactement la disposition d'un échiquier.

SCÈNE 1

NORBERTO, FREI, BERNARDINO, FRÉDÉRIGO, SEBASTIANO, AGOSTO, HENRIQUEZ, GOMEZ, CARLOS, JOSÉ, GONZALVES, BONIFACIO, RICARDO, VASQUEZ, CESARIO, etc.

(Au lever du rideau, grande animation sur la scène. C'est l'heure de la récréation. Les cadets jouent et se bousculent. Quelques-uns d'entr'eux jouent à saute mouton, d'autres boivent, fument ou jouent à la balle.

INTRODUCTION

LES ASPIRANTS

Exercices et leçons,
Demain, hélas! comme aujourd'hui!
On nous traite en polissons!
Ah! quel chagrin, ah! quel ennui!

Est-ce bien le lot
D'un vrai matelot,
Qui fournit son élan
Sur l'Océan ?
Mais quel plaisir, à bord, à bord,
Lorsque le navire
Part et vire,
Et que loin du port, du port, du port,
La fière carène
Enfin nous entraîne !
Partout, là bas,
Le ciel s'irise,
Et sous nos pas
Le flot se brise.
Alors éclate un chant joyeux !
Nous nous sentons plus vigoureux !

QUELQUES VOIX (derrière la scène)

Hoyo ! hoyo !

LES ASPIRANTS

Mais qu'est cela ?
Hoyo !
Qui vient là ?

SCÈNE II

LES MÊMES ; FANCHETTE, DIÉGO, ANTONIO

(Fanchette, soutenue par Diégo et par Antonio, entre, par la
gauche).

FANCHETTE (d'une voix faible)

Ahï ! la tête !
Ahï ! le cœur !
La triste fête
Et quel malheur !
Je suis maussade
Et fort malade.
Ah ! quel effet
Cela m'a fait !
La mer n'est pas du tout mon fait !

J'aime le calme et le repos.
      Sur ce navire,
      Ah! quel martyre!
J'ai cru laisser mes pauvres os.

LES CADETS (raillant Fanchette)

    Si tu te plains si fort
        Au port,
Que diras-tu, plus tard, à bord,
Quand se déchaîne l'ouragan
      Sur l'Océan?
    Ah! ah! ah! ah! ah!
Le triste sire que voilà!
      Ah! ah! ah! ah!
    Il a le mal de mer!
    C'est un peu tôt, mon cher!
  Ah! ah! ah! ah! ah! ah!

FANCHETTE (gémissant)

Voyez-les rire, les sans cœur,
De mon malaise et de ma peur!
      Ah!

NORBERTO

Eh bien! tu peux te vanter de faire un fameux marin!
Dans quel état, bon Dieu, pour une première visite à
bord!

DIÉGO, plaisamment

Monsieur a des peines... de cœur?

JOSÉ, de même

Ce serait gênant pour aller en balançoire?

AGOSTO

Comment diable, a-t-il pu faire pour arriver entier du
Brésil jusqu'ici?

CARLOS, secouant Fanchette

Un vrai voyage de plaisir... hein?

ANTONIO

Ne le poussez donc pas aux épanchements!

CESARIO, riant

Ah! ah! ah! c'est ce que les Français appellent un calembour.

NORBERTO

Mauvais, par exemple!...

FANCHETTE, gémissant

Oh! mon Dieu! mon Dieu!

DIÉGO

Allons, bois! (Il lui tend une bouteille.) Un compatriote.....

FANCHETTE, avec joie

Du vin de France!

JOSÉ, surpris

Est-ce qu'on fait du rhum aussi, dans ce pays-là? Non, non. Un Américain du Sud... comme toi, et qui arrive en droite ligne de la Jamaïque...

DIÉGO

Mais bois donc!

FANCHETTE, repoussant la bouteille

Du rhum!

CARLOS

Eh bien oui ! du rhum... Le petit lait des marins ..
(Il se pose.

NORBERTO ·

Ça te fera pousser les moustaches.
(Il frise les siennes)

ANTONIO, malignement à Fanchette

Tu peux en croire notre vénérable capitaine.. Il parle d'expérience !

NORBERTO, riant

Ouais ! Petit serpent !

FANCHETTE

Laissez-moi, laissez-moi ! (Elle se sauve).

CESARIO

Il faut que tu boives, Mauritio, il le faut.

LES CADETS

Oui, oui, qu'il boive !
(Ils la pressent vivement).

FANCHETTE, buvant

Brrr !... Ça brule !... (A part.) Mauvais garnements !

ANTONIO, achevant le verre

Un velours !
(Il se caresse l'estomac avec satisfaction).

CARLOS, armé d'une grande pipe

Et maintenant quelques bouffées de Varinas. Ça va te remettre complètement.

FANCHETTE

Fumer!... Mais je ne sais pas... (Se reprenant.) Je ne veux pas fumer, moi !

ANTONIO

Il le faut.

LES CADETS

Oui, qu'il fume !

NORBERTO

Voyons !. . Laissez-moi cette poule mouillée !

JOSÉ, saluant militairement

Capitaine... cette éducation nous regarde...

DIÉGO, même jeu

Pour l'honneur du corps des cadets, Mauritio doit savoir fumer... comme nous tous ici.

CESARIO

Et il fumera !

NORBERTO

Soit !

ANTONIO

Ce n'est pas une femme après tout !

FANCHETTE, *vivement*

Pas une femme!... (D'un autre ton.) Non certainement, je ne suis pas une femme...

AGOSTO

A la pipe alors!

LES CADETS

Oui, à la pipe! (Ils font cercle autour de Fanchette en se tenant par la main.) A c'te pipe! A c'te pipe! A c'te pipe!

FANCHETTE

Arrêtez, la tête me tourne!

LES CADETS

Fume, alors!

FANCHETTE, *avec résolution*

Eh bien, oui, je vais fumer!...

LES CADETS, *se séparant*

Bravo!

FANCHETTE, *fumant*

Là... Vous voyez... (Elle tousse et crache.) Ils me feront mourir... (Elle fume.) Etes-vous contents?
(Elle veut déposer la pipe).

LES CADETS

Non, non, achève!...

SCÈNE III

LES MÊMES, ROBERT

ROBERT

Allons, mes enfants, la paix !

NORBERTO

Son Excellence le Gouverneur !

(Tous se mettent en rang. Fanchette jette sa pipe au loin et fait un mouvement comme pour s'élancer vers Robert).

FANCHETTE, à part

Ah ! enfin ! Me voilà sauvée !

DIÉGO

Dans les rangs !...

ROBERT, faisant signe à Fanchette de se calmer

Sa Majesté la Reine (Il se découvre) présidera aujourd'hui, elle-même, la cérémonie de la bénédiction du pavillon amiral .. Et elle profitera de l'occasion pour honorer son École de marine d'une gracieuse visite.

DIÉGO, bas dans les rangs

Eh ! quoi encore !

ANTONIO, de même

Ces éternelles visites !

JOSÉ, de même

Depuis que don Roberto est devenu notre gouverneur, voilà déjà la quatrième...

AGOSTO, de même

Et il n'y a pas huit jours.

NORBERTO

Silence dans les rangs !... (A Fanchette.) Don Mauritio, à
votre place...

FANCHETTE, voulant aller à Robert.

Robert ?... Mon chien-chien,... M'entends-tu ?...

NORBERTO, lui frappant si rudement sur l'épaule qu'elle jette un
cri aigu, un cri de femme, et se frotte piteusement

Caramba ! .. Est-ce que tu n'entends pas ?

ROBERT, riant

Laissez donc ce gamin, don Norberto...

FANCHETTE, à part

Gamin... Attends, mon chien-chien !...

ROBERT

J'ai à lui parler... Quant à vous autres, allez revêtir
votre habit de gala...

NORBERTO

Par file à droite, en avant, marrrche !...
    (*Musique.* — Norberto et les cadets quittent la scène)

SCÈNE IV

ROBERT, FANCHETTE

(Pendant les dernières mesures du motif de la sortie des cadets, Fanchette se croise les bras et regarde fixement Robert.

FANCHETTE

Est-ce que ça va durer longtemps comme ça?... Avoir le mal de mer, boire du rhum, culotter des pipes et s'entendre appeler don Mauritio par ci, don Mauritio par là!... Ce n'est pas une existence!... Le jeu était assez drôle dans les commencements, mais je t'avertis que j'en ai plus qu'assez...

ROBERT, sérieusement

Le jeu?... Tu oublies que désormais tu es et dois rester homme pour tout de bon?...

FANCHETTE

Voyons.... soyons de bon compte, mon chien-chien. Que je suis femme, c'est ce que tu dois savoir mieux que personne... attendu que ce n'est pas à un cadet de marine qu'il t'aurait pris fantaisie de promettre mariage...

ROBERT, vivement

Moi !

FANCHETTE

Toi.. Il y a deux ans... Un dimanche après midi, ou plutôt un dimanche soir, car minuit allait sonner... Comment... tu ne te souviens pas?.... Mais tu as oublié bien d'autres choses!... C'est égal.... arrange-toi comme tu veux... (Criant) Je ne suis pas un homme!...

ROBERT, suppliant

O ciel!... Fanch... Don Mauritio !

FANCHETTE, continuant

Je suis Fanchette, corbleu, et prétends bien la redevenir.

ROBERT

Fanchette!... tais-toi, je t'en conjure. . Si la reine apprenait que nous l'avons trompée, nous serions irrévocablement perdus!...

FANCHETTE, d'un ton plaintif

Mais que veux-tu que je devienne, ici?... Les camarades me pincent, m'asticotent, me bousculent, me tourmentent de cent façons. Si tu entendais leurs propos, leurs histoires! .. C'est à faire frémir un corps de garde!... Quelquefois ça m'amuse.... et puis, je suis bien forcée de faire chorus. Mais, si je reste encore un mois dans cette jolie société, j'aurai perdu à jamais la faculté de rougir.... sans compter que j'ai déjà des bleus sur tout le corps...

(Elle se frotte l'épaule).

ROBERT, riant

Ah ! ah !

FANCHETTE, d'un air menaçant

Mon chien-chien, il n'y a pas à rire... Il ne sera pas dit que je resterai éternellement sous ce joug abominable... Je veux pouvoir saluer comme cela... (Elle fait la révérence) et non comme ça! (Elle fait le salut militaire.) En un mot, je veux sortir, sortir, sortir... de la flotte portugaise et de cet uniforme!...

COUPLETS

FANCHETTE

I

Je marche comme une âme en peine,
Sous ce maudit équipement.
Qui me rendra ma robe à traîne
Que mon œil cherche tristement ?
   Boire et fumer,
    Se rompre la tête,
   Parler d'aimer,
    Et quel amour !
N'est point le fait d'une soubrette,
 Mais celui d'un vieux pandour !

(Robert rit)

Non, non, la chose est sur mon âme,
Peu convenable, et sapristi !
Malgré le diable, je suis femme.
Il faut en prendre ton parti.
Qui me dit homme en a menti !

II

Ma race est œuvre de nature,
Et tu ne peux me transformer.
Rends moi mon sexe et ma parure,
Car je veux plaire et veux aimer.
   Les noms pompeux,
    Que l'on me prête,
   Ont-ils en eux
    Aucun pouvoir ?
Maurice ou non, je suis Fanchette,
 Et je le ferai bien voir.

Non, non, la chose est sur mon âme, etc.

ROBERT

A ce que je vois, il est plus que temps de songer à
t'éloigner.

FANCHETTE

Tâches que ce soit bientôt.

ROBERT

Malheureusement, c'est tout à fait impossible pour le moment... Je t'ai présenté à la reine sous le nom de Maurice de Queroga...

FANCHETTE

Eh bien ?

ROBERT

Eh bien ! ce jeune homme est ici. J'ai réussi jusqu'à ce moment à le tenir éloigné de la cour, mais il paraît qu'il ameute tout Lisbonne au bruit de ses fredaines. Il fait des dettes, joue, se grise, enlève les jeunes filles, séduit les femmes mariées, rosse les maris, bat le guet, a des rixes et des duels, bref, de nuit et de jour, il n'est occupé qu'à te faire la réputation la plus détestable.

FANCHETTE, stupéfaite

A moi ?

ROBERT

Sans doute ? Toutes ces jolies choses-là, on les met sur ton compte... Toi, c'est lui...

FANCHETTE, de même

Comment, moi c'est lui ?

ROBERT

Ou lui c'est toi, comme tu voudras...

FANCHETTE, indignée

Mais il faut faire jeter ce jeune misérable en prison... Et tout de suite encore...

ROBERT

Impossible ! c'est toi qu'il faut que j'enferme !...

FANCHETTE

Moi ?... J'en deviendrai folle... Me faire enfermer, toi, toi, toi ?...

NORBERTO, dans la coulisse de gauche

Don Mauritio !
(Tous les deux, saisis, se rapprochent l'un de l'autre).

SCÈNE V

LES MÊMES ; NORBERTO

NORBERTO, paraissant sur les degrés

Eh bien ! viendrez-vous enfin ?

FANCHETTE

Mais je... (Robert la pousse.) A vos ordres, mon capitaine !...
(Elle salue militairement).

ROBERT, à voix basse

Tâches d'y tenir encore un peu...

FANCHETTE, de même

Je te donne un jour... C'est tout ce que je puis faire pour toi !

NORBERTO

En avant, que diable!

(Il sort).

FANCHETTE

Je vous suis .. (Elle sort par la gauche, en fredonnant. —
Arrivée à la porte, elle se retourne.) Un jour, mais pas une
minute de plus ..

Boire et fumer,
Se rompre la tête,
Parler d'aimer
Et quel amour!
N'est pas le fait d'une soubrette...

SCÈNE VI

LES MÊMES; DON JANUARIO, MUNGO

JANUARIO, entrant

Ce cher Roberto. .

FANCHETTE

Oh !

JANUARIO, approuvant Fanchette

Ah !

(Fanchette sort en courant.)

SCÈNE VII

ROBERT, JANUARIO, MUNGO

ROBERT, assez rudement à Januario

Que me voulez-vous? Que faites vous-là !

JANUARIO, *criant*

C'est elle !

ROBERT

Qui elle ?

JANUARIO

Ma bien-aimée !...

ROBERT

Quelle folie !... Don Mauritio, une femme ?

JANUARIO

Don Mauritio... Et moi, rhinocéros que je suis... qui croyais... Ah ! Ah ! (Calmé.) Quoi, vraiment ! C'est là don Mauritio, ce mauvais sujet dont tout le monde raconte les exploits ?... Étonnant !... Je crois voir partout cette diablesse de soubrette... Hier ne suis-je pas sauté au cou de ce moricaud et ne l'ai-je pas embrassé sur ses deux vilaines joues ? (Il désigne Mungo qui grince silencieusement des dents.) Mungo !

MUNGO

Noble seigneur ?

JANUARIO

Manifestez ma juste répugnance.

MUNGO, *crachant par terre*

Pouah !

JANUARIO

Mais où est-elle, où est-elle ?

ROBERT tranquillement

Qui ça, encore une fois!

JANUARIO

Mais Fanchette... Vous savez bien!...

ROBERT

Ah! oui... Retournée à Paris.

JANUARIO

Vraiment... Eh bien! je partirai demain pour Paris...

ROBERT, à part

Bon débarras!... (Haut.) Et pourquoi pas aujourd'hui?

JANUARIO

Impossible. . (Avec orgueil.) Il faut que j'assiste à la bénédiction de votre pavillon .. j'ai reçu une invitation officielle.

ROBERT, à part

Fatalité!

JANUARIO, songeant

La question sera de la dénicher?

ROBERT

L'invitation?

JANUARIO

Eh non!... Fanchette, la divine, la délirante française...

ROBERT, riant

Que vous croyiez enlever, lorsque vous avez fait cette petite excursion nocturne avec dona Antonia?

JANUARIO

Oui, c'est vrai... Ce démon femelle m'a joué là un de ces tours!... Dans le moment j'étais hors de moi, je poussais des rugissements... Mungo!

MUNGO

Noble seigneur?

JANUARIO

Rugissez...

(Mungo pousse des cris inarticulés).

JANUARIO, lui imposant silence.

Assez! — Je m'étais voluptueusement introduit dans le carosse, brûlant d'amour et croyant avoir Fanchette à mon côté, lorsqu'un rayon de lune étant venu à tomber par la portière, je reconnus...

ROBERT, riant.

La noble épouse du plus infortuné et du plus myope des maîtres des cérémonies passés, présents et futurs... Ah! ah! ah!

JANUARIO, d'un ton suffisant.

Charmante personne, du reste, que cette dona Antonia... Et comme de cinq frères assez résolus, je suis le plus entreprenant...

ROBERT

Ne savez-vous pas que le mari, rendrait des points à Othello?

JANUARIO

Ah! ah! Il faut que j'exprime au digne fonctionnaire tous mes regrets au sujet de cette plaisante méprise... (Vivement) Mais à propos, vous devez savoir ou elle demeure?..

ROBERT

Dona Antonia?

JANUARIO

Mais non... Fanchette... La déité pour laquelle je me consume en soupirs... (Il pousse un profond soupir) Mungo!

MUNGO

Noble seigneur?

JANUARIO

Soupirez pour moi!
(Mungo soupire d'une façon grotesque en mettant la main sur son cœur).

Assez!.. Au revoir, don Roberto, je vous manderai le résultat de mon voyage... (Fausse sortie.)

SCÈNE VIII

LES MÊMES, DONA ANTONIA

ANTONIA, reconnaissant Januario

Ciel!... Lui!

JANUARIO

Dieu!... Elle!... Ma charmante compagne de voyage...

ANTONIA, troublée à Robert

Seigneur Gouverneur, Sa Majesté a exprimé le désir de dîner ici après la cérémonie.

ROBERT, avec ironie

Ce noble personnage semble être de vos amis?

ANTONIA, très indifférente.

Je le vois aujourd'hui pour la deuxième fois!

JANUARIO

C'est comme moi... (Bas à Robert) On sait être discret!...

ROBERT, bas.

Je comprends!

JANUARIO

Mungo!

MUNGO

Noble seigneur?

JANUARIO

Les brillants.
(Mungo répète le jeu de scène du 1er acte, en vidant son escarcelle dans une assiette d'or qu'il tire de son sein).

JANUARIO, avec galanterie.

Senora, mes moyens me permettent d'offrir un de ces petits diamants à chaque noble dame dont je fais la connaissance... Laissez-moi déposer dans vos belles mains la première pierre de notre future amitié... (Il lui offre deux brillants).

ANTONIA

Deux!... O senor!

ROBERT, à Januario

Comment, deux?

JANUARIO, bas à Robert

Certainement, puisque voilà la seconde fois que je la fais... sa connaissance...

SCÈNE IX

LES MÊMES, DOMINGUOS

DOMINGUOS, entrant vivement en scène, et s'adresant à Mungo, qu'il prend pour Robert

Monsieur le Gouverneur, Sa Majesté la Reine a décidé de faire, après son diner, une partie d'échecs sur cette terrasse.... (Reconnaissant Mungo.) Oh! pardon! ... Je me disais aussi : quel sombre visage! (Saluant Januario.) Votre Excellence... Oh! pardon!...

ROBERT, bas à Januario

Le mari...

JANUARIO, avec intérêt, bas

Ah! vraiment!... Il faut que je lui fasse mes compliments... de condoléances...

ROBERT, le retenant

Comment!... Vous n'allez pas, j'espère?...

DOMINGUOS, apercevant Antonia

Corbleu! Madame, que faites vous ici?

ANTONIA

J'y suis pour le service de la Reine, Monsieur...

DOMINGUOS

Devant lequel je m'incline, Madame (Se tournant vers Januario qui a change de place avec Robert.) Votre Excellence voudra donc... Eh, quoi! toujours ce seigneur qui m'est inconnu!...

ROBERT, le présentant

Don Januario de Pernambuco!

DOMINGUOS, saluant

Monsieur!...

ROBERT, de même à son égard

Monseigneur le maître des cérémonies, don Dominguos Borgos de Barros!

JANUARIO

Que votre Excellence daigne agréer mes excuses et sa noble dame, mes plus sincères regrets.

(Il jette un tendre regard à dona Antonia, qui s'abrite le visage derrière son éventail.)

ROBERT, voulant arrêter Januario

Hum! hum!

DOMINGUOS, inquiet

Des excuses!... Et pourquoi cela, Monsieur?... Des regrets!... Et pourquoi cela, Madame?...

(Grande rumeur derrière la scène. Musique à l'orchestre. Trois coups de canon répétés par l'écho.)

DOMINGUOS

La Reine!... (A Januario.) Avant qu'elle ne vienne, m'expliquerez-vous, Monsieur?...

JANUARIO

Je me serai sans doute mal exprimé... (Lui serrant la main.) Permettez-moi de vous féliciter...

DOMINGUOS

Et pourquoi cela, Monsieur, pourquoi cela?...

SCÈNE X

LES MÊMES, LA REINE, FANCHETTE, NOR-BERTO, CADETS, PEUPLE, OFFICIERS, MATE-LOTS, SEIGNEURS et DAMES DE LA COUR.

(Au premier coup de canon, on hisse au haut du mat le pavillon d'honneur. Le long des cordages, qui descendent des deux côtés, pavillons et oriflammes multicolores. Tout en haut, le drapeau portugais.)

PEUPLE

Quelle aubaine!
Le canon fumant
Tonne dans la plaine
Et bientôt devant
Notre souveraine
On bénira
Le pavillon,
Qui tracera
Son glorieux sillon
Sur le vaisseau de l'Amiral,
Au nom du Portugal!
Vive, vive la Reine!
Et vive l'Amiral!
Vive le Portugal!

LA REINE

Race ardente
Et vaillante,
Qui fêtez avec moi
Cet instant plein d'émoi,
Quand la bannière flotte au vent
S'élève votre hymne touchant !
A vous seuls, fiers marins,
Nous devons nos destins !
Nos trésors
Sont conquis
Par vos efforts.
Ils sont le prix
De dangers subis
Sur l'abîme des mers,
Au bout de l'univers.

I

Bien modestes sont nos domaines,
Mais ils croissent devant vos pas ;
Vous savez, aux rives lointaines,
Les agrandir dans les combats !
Hurrah !
Partout où l'Océan étincelle au regard
Flotte notre étendard.
Ah !
Victoria !
Quand l'honneur vous sert de pilote,
Je sens battre ce cœur royal.
Voilà pourquoi j'aime la flotte,
La belle flotte du Portugal.

TOUS

Quand l'honneur nous sert de pilote,
De fierté bât son cœur royal !
Nous saurons garder la flotte,
La belle flotte du Portugal.

LA REINE

II

Sous le feu de l'artillerie
On a cru mâter notre orgueil.
L'agresseur à votre furie,
A fui, le cœur empli de deuil.
Hurrah !

(Regardant Robert).

Suivez, de l'ennemi quand viendront les vaisseaux,
La bannière des amiraux!
Ah!
Victoria!
Quand l'honneur, etc.

ROBERT

O protectrice, à votre douce chaîne,
Vous suspendez les âmes et les cœurs!

LA REINE (lui faisant remarquer son costume, rappelant un peu
par la coupe et tout à fait par la couleur ceux des cadets)

De sa marine, votre Reine
A voulu porter les couleurs!

ROBERT

Pour nos hommes, ah! quelle faveur!

TOUS

Ah! quel honneur!

FANCHETTE (s'avançant)

A notre amour croyez, ô Reine!
Et croyez à notre serment.

LA REINE (en souriant)

Capitaine,
Vous êtes galant!

TOUS

Lui, capitaine!

LA REINE

Il l'est dès à présent!

ROBERT (à part, montrant Januario)

En sa présence!
Ah! c'est plaisant!

LES CADETS (avec humeur)

A lui la chance!
Un aspirant!

JANUARIO (n'en pouvant croire ses yeux)

Oui c'est bien elle!
Et cependant!...

ANTONIA (à part)

Vraiment la belle
Y va gaillardement!

FANCHETTE (à part)

Je monte en grade et vivement.

DOMINGUOS (cherchant à voir)

Qui nomme-t-on donc capitaine en ce moment?

LA REINE

Il devra tout à mes bienfaits!

ROBERT (ironiquement)

Ah! quel honneur pour nos cadets!

FANCHETTE (à part)

A cet honneur je me soumets,
Mais seulement en temps de paix.

ANTONIA (à part)

Vraiment la farce est au complet,
Il n'y manquait que ce bouquet.

DOMINGUOS

Je n'y vois point, ah! quel regret!

CHŒUR

Le bon sujet!

LES CADETS (avec envie)

Lui capitaine, un matelot de cabinet!

ENSEMBLE

LA REINE (à part)

Il me plaît fort
Et je prétends lui faire un sort.

FANCHETTE (à part)

Mais s'il me faut quitter le port,
C'est ma mort!

JANUARIO (à part)

Oui c'est Fanchette! Ah quel
                    [transport!]
C'est trop fort!

ANTONIA (à part)

La voyez-vous trôner à bord?
            C'est trop fort!

ROBERT (à part)

Je n'y tiens plus! Quel coup du
                    [sort].
            C'est trop fort!

DOMINGUOS

Ces maudits yeux me font du
                    [tort].
            Triste sort!

CADETS, PEUPLE, SEIGNEURS et DAMES

Il n'a jamais quitté le port,
C'est trop fort!

LA REINE

La fête est préparée,
A la bannière maintenant!

SCÈNE XI

LES MÊMES, UN AUMONIER DE MARINE,
UN PORTE-ÉTENDARD, PAGES, etc.

(Le pavillon du navire-amiral (bleu-pâle, avec les armes du Brésil) est apporté sur la scène, très grand et fièrement déployé, par un porte-étendard, flanqué de quatre officiers et suivi de l'aumônier et de ses assistants. Le porte-étendard entre par le fond et traverse toute la scène. On apporte une table au milieu du théâtre. Tous se découvrent et étendent la main comme pour prêter serment. L'aumônier se place au fond).

TOUS

Brille, oriflamme azurée !
Reçois ici notre serment.

(Le porte-étendard incline le pavillon devant le prêtre qui le bénit et le dépose sur la table. Un page présente à la reine, en pliant le genou, un marteau d'or déposé sur un coussin et une assiette de même métal, supportant des clous).

LA REINE (enfonçant un clou)

Je frappe un clou pour le Seigneur !

TOUS

Pour Dieu, pour le Seigneur !

LA REINE (de même)

Cet autre aux Saints, au Protecteur !

TOUS

Aux Saints, au Protecteur !

LA REINE (même jeu)

Ensuite à la splendeur
Du sol sacré !

TOUS

A la splendeur
Du sol sacré !

ROBERT (qui a reçu le marteau des mains de la reine, enfonçant un dernier clou avec enthousiasme)

Puis à la Reine, à son trône adoré !

TOUS

Pour Dieu, pour le Seigneur!
Aux Saints, au Protecteur!
A la splendeur du sol sacré,
Puis à la Reine, à son trône adoré!

LA REINE (bas à Robert)

Pour mieux armer ce bras, aux ennemis fatal,
Je vous nomme Grand Amiral!

Quand l'honneur vous sert de pilote, etc.

(Reprise de l'ensemble).

(Les personnages de distinction, les officiers et les cadets suivent la reine par le portique de droite. Le peuple sort par les différents côtés. Pendant le dernier ensemble, Januario exprime par une vive pantomime l'étonnement que lui cause l'espèce de rapport qu'il saisit entre les cadets et sa bien aimée Fanchette, qui s'attache à l'éviter. Dominguos laisse passer la reine et tout son cortège et reste seul. Januario revient sur ses pas et lui presse de nouveau la main avec compassion).

JANUARIO

Encore une fois, Excellence, daignez agréer mes regrets les plus sincères.

(Il entre vivement dans le bâtiment, sans que Dominguos s'en aperçoive).

SCÈNE XII

DOMINGUOS, seul, croyant toujours avoir Januario à son côté

Il y a des bornes à tout, Monsieur.... Les Borgos de Barros ne sont pas hommes à accepter de qui que ce soit des compliments de condoléance ou des félicitations dont ils ignorent les causes et les motifs, Monsieur! (Un éclat de rire dans la coulisse de droite; Dominguos se tourne vivement de ce côté.) Eh quoi? Vous riez Monsieur? Oh! oh! vous n'êtes plus là... Vous avez bien fait de vous dérober à ma colère! C'est égal! considérez vous comme tué par moi! à mes yeux, vous n'existez plus!... Et de deux! (A lui-même).

Vraiment, il n'y a plus moyen d'y tenir... Partout des points d'interrogation... Quoi?... Qu'est-ce?... Où?... Comment?... Pourquoi?... Et jamais d'autre réponse que celle-là .. Va-t-en voir... si tu peux !

COUPLETS

I

Cette cour n'est que mystères ;
Tout s'y traite à demi-mot.
Seul j'ignore mes affaires,
Qu'entre soi l'on dit tout haut !
L'un me raille et l'autre glose ;
J'entends rire et chuchoter ;
On me plaint de quelque chose,
On me vient féliciter.
Si je prétends en savoir mieux :
    « Va-t-en voir... si tu peux ! »
Et j'écarquille en vain les yeux :
    « Va-t-en voir, si tu veux ! »

II

Mon épouse est enlevée,
Et Dieu sait par qui, vraiment,
Puis la dame est retrouvée,
Sans qu'on sache encor comment.
Tout le monde, hors moi, peut-être,
Est, je crois, dans le secret !
Lorsqu'enfin, je veux connaître,
Ce qu'au juste l'on m'a fait :
On me répond : « Mon pauvre vieux,
    « Va-t-en voir... si tu peux ! »
Et j'écarquille en vain les yeux :
    « Va-t-en voir si tu veux ! »

III

Quand ma femme est d'humeur douce,
Je ne sais d'où vient le vent.
Quand revient la lune rousse,
Je l'ignore également.
Sa rougeur, son air aimable,
Ses éclats ou son émoi,

Me feront donner au diable,
Qui la connaît mieux que moi
Je la surveille de mon mieux :
        « Va-t-en voir... si tu peux ! »
Et j'écarquille en vain les yeux :
        « Va-t-en voir, si tu veux ! »

IV

Croix, rubans, faveurs et grades,
Sont ici de purs hochets.
A moi seul les rebuffades,
Les gros mots et les soufflets.
Qu'on protège et qu'on décore,
Je n'en suis pas désolé ;
Mais il faut savoir encore
Ceux qui ne l'ont pas volé.
Les vrais talents sont-ils nombreux ?
        « Va-t-en voir... si tu peux ! »
Et j'écarquille en vain les yeux :
        « Va-t-en voir, si tu veux ! »

(Il sort. La scène reste vide un moment, pendant la reprise de la
ritournelle. Puis entre vivement Fanchette, qui a suivi la reine dans
le bâtiment de droite).

SCÈNE XIII

FANCHETTE, suivie de JANUARIO suivi de MUNGO
qui se tient dans le fond

FANCHETTE

Ce Brésilien est d'une importunité ! Comment me soustraire à sa poursuite ?

JANUARIO

Ah ! le voilà, enfin, ce mystérieux capitaine...

FANCHETTE, grossissant sa voix

Que me voulez-vous, Monsieur ? Je vous le répète, je
n'ai pas l'honneur de vous connaître.

JANUARIO

De me connaître !... Sangue de Dios !.. Je suis le...

FANCHETTE, s'oubliant (voix naturelle)

Plus beau de cinq frères... (A part). Imbécile !...

JANUARIO, frappé

Ah !... Plus de doutes, à présent... Je l'ai retrouvée !.. Tu es Fanchette... la femme de mes rêves.... (Il tombe à ses genoux) et rien ne t'arrachera plus de mes bras...

FANCHETTE, de sa grosse voix

Eh ! mille tonnerres ! Monsieur, pour qui me prenez-vous donc ?

JANUARIO, à genoux

Pour la plus séduisante, rayonnante, piquante, frétillante, désirable, aimable, adorable et insaisissable soubrette de la création. (Il veut la saisir).

FANCHETTE, à part

En voilà un qui m'aime ! (Haut). Corbleu, Monsieur le plaisant, laissez-moi tranquille ou sinon... (Elle le pousse si rudement qu'il manque de tomber par terre).

JANUARIO

Ah ! (A part). Ça m'a bien l'air d'être un homme... tout de même !

FANCHETTE, voix naturelle

Ah ! pardon, seigneur Février .. (A part). Voilà que je me coupe de nouveau...

(Elle rit, à part).

JANUARIO

Février !... Ah ! je comprends... Lorsque je me roulais
à vos pieds, que je vous offrais mes incalculables richesses
pour y puiser à votre désir, vous n'étiez qu'un homme dé-
guisé !... Et moi, stupide victime d'une farce d'aspirant...
(D'un ton de voix terrible). Mungo ! .. Ah ! ah ! Nous allons
rire !...

FANCHETTE, d'une voix plus douce

Monsieur !

JANUARIO, se montant

Je ne me laisserai pas berner ainsi !... Vous n'avez
jamais été Fanchette... Vous êtes un homme, un abominable petit sacripant de cadet de marine !

FANCHETTE, voix naturelle

Vous croyez ?...

JANUARIO, indécis

Ah !... J'aurai le mot de cette énigme.... Je saurai si
Fanchette était un homme, ou si don Maurice est une
femme... Le meilleur moyen est de lui faire la cour.
Allons-y !

(Il court à elle).

FANCHETTE, l'évitant, à part

S'il découvre la vérité, nous sommes perdus, Robert
et moi !...

(Januario lui prend la taille.)

FANCHETTE

Voulez-vous bien me laisser ... Voulez-vous !......
Arrière !... Je suis vif de ma nature...... Encore !......
Tiens !...
(Au moment où il va pour la saisir, elle lui lance un vigoureux
soufflet qui le fait pirouetter sur lui-même).

8

SCÈNE XIV

LES MÊMES; DOMINGUOS, accourant au bruit
du soufflet.

JANUARIO, furieux, en criant

Ah !... C'est un homme !... Un soufflet à moi !...... Le
Crésus du siècle !... Cela crie vengeance !... Cela veut du
sang !... Dégainez, Monsieur, l'un de nous doit rester sur
le terrain...

FANCHETTE

Restez-y si vous voulez... Moi, je m'en vais.
(Elle veut sortir).

DOMINGUOS

Halte ! capitaine.

JANUARIO à Dominguos

Cet outrage ! Vous l'avez vu ?

DOMINGUOS

Pas précisément, mais je l'ai entendu... Je suis un peu
myope, mais les oreilles sont excellentes.

FANCHETTE, voulant s'esquiver, à part

Allons avertir Robert.

DOMINGUOS, la retenant

Halte ! capitaine... Ce n'est pas ainsi que peut se terminer une pareille scène.

FANCHETTE

Et comment doit-elle finir, Monsieur l'importun

DOMINGUOS

Par un duel !... Ainsi le veut l'honneur !

FANCHETTE, épouvantée

Un duel !... Jamais de la vie !...

(Elle veut fuir.)

SCÈNE XV

LES MÊMES; ROBERT; NORBERTO

ROBERT

Que se passe-t-il ici?

FANCHETTE

Ah ! Robert ! Enfin !

DOMINGUOS

Deux gentilshommes qui échangent des soufflets... Le sang doit couler...

JANUARIO, montrant Fanchette

J'ai été insulté, maltraité... gifflé !... Ça ne peut pas se passer comme ça...

ROBERT

L'honneur de la flotte portugaise exige en effet un duel... à mort...

FANCHETTE

A mort !... (Bas à Robert.) Mon chien-chien, laisse-moi redevenir femme, pendant seulement dix minutes, et je le soumets à mes armes sans coup férir...

ROBERT, à voix basse

Impossible !

NORBERTO à Januario

Por Deos ! si vous ne vous battez point, capitaine de fabrique récente, je le ferai moi, à votre place...

ROBERT, à part

Oh ! quelle idée ! (Haut, montrant Fanchette et Norberto.) Un instant ! Je crois me souvenir que ces messieurs ont déjà une affaire à vider ensemble.

FANCHETTE et NORBERTO, surpris

Comment ?

ROBERT à Dominguos et à Januario

Vous permettez...
                    (Il prend Fanchette et Norberto à part.)

JANUARIO à Dominguos

Seigneur maître des cérémonies, est-ce que je puis compter sur vous comme témoin?...

DOMINGUOS

Non, pas avant que vous m'ayez dit la raison pour laquelle, tout à l'heure, vous m'exprimiez vos regrets...

JANUARIO

Mais je vous ai félicité, au contraire !

DOMINGUOS, vivement

Pourquoi? Pourquoi?
(Ils échangent quelques paroles à voix basse en faisant des gestes.)

ROBERT, continuant la conversation. à Norberto

Vous avez des dettes?...

NORBERTO. d'un ton piteux

Six mille pistoles, amiral.

ROBERT

Je vous en ferai remettre dix mille, aujourd'hui même,
si vous vous battez avec ce jeune homme.

NOBERTO. joyeux

De tout mon cœur!

FANCHETTE. vivement

A aucun prix !...

ROBERT, bas à Fanchette

Laisse-moi faire.

NORBERTO, tirant à moitié son épée

Allons, capitaine en sevrage !

FANCHETTE

Je ne suis pas capitaine... Je suis une...

ROBERT, à Fanchette

Silence !... (A Norberto.) Mais j'y mets une condition.

NORBERTO

Et laquelle ?

ROBERT

C'est que vous vous laisserez blesser par... don Mauritio !...

NORBERTO

Oh! oh!

ROBERT

Attendez... Si cela vous convient.... demain vous rece-
vrez votre brevet de capitaine de frégate...

NORBERTO

Capitaine de frégate... (Hésitant.) Et il faut que... je me
laisse toucher?... Hum!... Soit...

FANCHETTE

Je comprends... (A part.) Ah! à présent je me sens du
courage...

ROBERT, à Januario

La chose est réglée...Ces messieurs se battront d'abord,
ensuite, ce sera votre tour...

JANUARIO, noblement

Je fais volontiers abandon de la priorité. (A part.) S'il
pouvait lui faire son affaire, ça m'arrangerait assez...
Il ne serait pas convenable de faire intervenir ici Mungo.

FANCHETTE, d'un air de matamore

En garde! Amiral, votre épée, je vous prie.

JANUARIO, à part

C'est un homme, bien certainement .. Car si c'était
une femme,... ce ne pourrait être qu'une poissarde...

QUINTETTE

FANCHETTE (agitant son épée)

L'épée au clair!
Fer contre fer!
L'honneur nous parle ici!
Sans grâce ni merci

Allons il faut nous aligner,
Sans lambiner.
Je sens bondir mon cœur.
De rage et de fureur!
Honte au cœur timide!
Seul l'honneur nous guide.
La valeur l'emportera.
L'un de nous y restera.

ENSEMBLE

FANCHETTE	ROBERT, DOMINGUOS, JANUARIO
Honte au cœur timide !	Honte au cœur timide !
Seul l'honneur nous sert de [guide.	Seul, l'honneur les guide.
Ma valeur l'emportera,	La valeur l'emportera.
Il succombera !	Dieu décidera !
Sous mes coups il mourra !	L'un des deux tombera.
Dieu m'assistera !	Dieu décidera !
Quand le sang coulera	Quand le sang coulera
Le combat finira !	Le combat finira !
L'un de nous y restera !	L'un des deux y restera !

NORBERTO

Honte au cœur timide !
Seul l'honneur nous guide.
Ma valeur l'emportera.
Il succombera !
L'un de nous y restera !
Sous mes coups il mourra !
Quand le sang coulera
Le combat finira !
L'un des deux y restera !

(Fanchette et Norberto se sont placés en face l'un de l'autre.
Robert règle les conditions du combat).

ROBERT

Tôt, il faut agir !

FANCHETTE (effrayée de l'attitude déterminée de Norberto, bas
à Robert)

Il me fait frémir !

ROBERT (de même)

C'est le seul moyen ;
Allons, ne crains rien !

FANCHETTE

Je l'espère bien !

(Ils croisent le fer).

ROBERT

Un, deux, trois !
Coup de seconde, paré !

FANCHETTE (à Robert)

C'est égal ! Il est bien ferré !

ROBERT

Un, deux, trois !

NORBERTO

Ah ! touché, je crois !

FANCHETTE (à part)

Il me met aux abois !

ROBERT

Un, deux, trois !
Vite !... Une prime !

FANCHETTE (à Lambert)

Il avance trop !

ROBERT (à Fanchette)

A toi bientôt !

NORBERTO

Un lié !... Mauvaise escrime !

ROBERT (à Fanchette)

Toi... pousse à lui.

(Fanchette porte un coup à son adversaire qui, préoccupé de ne
pas la blesser, recule vivement.)

JANUARIO et DOMINGUOS

Son courage est inoui !
(Le reste du morceau, très animé jusqu'au cri de Norberto

ROBERT (bas)

Une haute parade...

FANCHETTE (se montant)

A lui cette estocade !

ROBERT (bas)

La quarte à fond.

FANCHETTE (triomphante)

Voyez, il rompt ..

ROBERT (bas)

La tierce !... Il a son lot !

DOMINGUOS et JANUARIO

Vraiment, c'est un prévôt !

FANCHETTE (exaltée)

Mon courage s'accroit !

ROBERT (bas)

A lui, tout droit !

FANCHETTE (bas)

Mais à quel endroit ?

ROBERT (bas)

Tout droit ! Tout droit !

FANCHETTE (poussant)

Un coup de cadet !

ROBERT

C'est fort bien !

DOMINGUOS et JANUARIO

Superbe !

ROBERT

Et quel poignet !

NORBERTO (laissant tomber son épée et s'affaissant)
Malheur !

FANCHETTE (triomphant

C'est bien fait !

JANUARIO et DOMINGUOS (courant à Norberto)

Il le démonte !
Déjà du sang !

FANCHETTE (essuyant son épée avec son mouchoir de poche)

Il a son compte !
C'est amusant !
(Norberto rentre sa main dans sa manche, de façon à ce qu'il semble
l'avoir perdue.)

ROBERT

La feinte était d'un goût divin !

DOMINGUOS (se baissant pour voir la blessure et n'apercevant plus
que la manche, avec effroi)
Le malheureux n'a plus de main !

FANCHETTE (parcourant la scène à grands pas.)

Ici, que l'on contemple,
L'effet de ma valeur !
Je veux faire un exemple
Du moindre raisonneur !
Pour le second tournoi
Où donc sont les témoins ?
Que peut me faire à moi,
Un homme ou deux de moins ?

Jamais ma vengeance,
Ne peut s'ajourner.

(A part).

Surtout quand la chance
Ne peut mal tourner!

ENSEMBLE

Non, non { ma / sa } vengeance
Ne peut s'ajourner,
Surtout quand }
Pour lui   } la chance
Doit bien tourner!
Je suis très doux, on le sait bien,
Il est très fort, on le voit bien,
    Mais à   }
    Puisqu'à } personne

    Je }
    Il } ne pardonne
    Rien, rien, rien, rien!
        Non, rien!

FANCHETTE. comme enivrée de son triomphe

Ah! maintenant, me voilà plus à mon aise! J'ai donc
enfin revu couler du sang!

JANUARIO, à part

Un vrai chacal?

FANCHETTE, à Norberto

Capitaine, croyez que je regrette,... mais entre gens
d'honneur!...

NORBERTO, avec solennité

Jeune homme, vous êtes une des plus fortes lames de
l'Europe!

FANCHETTE

Rien ne pouvait me faire plus de plaisir que cet éloge
sorti de votre bouche. (Avec fatuité.) N'est-ce pas, cette
feinte... cette feinte, suivie de ce coup détourné...

ROBERT, à voix basse

Coup droit.

FANCHETTE

De ce coup droit, veux-je dire.... Fameux, hein?....
Ainsi, nous restons bons amis?

NORBERTO, lui secouant violemment la main

A la vie, à la mort!

FANCHETTE

Oh! (Elle va superbement à Januario.) Pour ce qui vous
concerne, senor. (Elle fait ployer son épée contre le sol), je
suis à vos ordres... Et à moins que vous ne me fassiez des
excuses.... des excuses.... Est-ce que vous me faites des
excuses?...

JANUARIO, à demi-voix

Des excuses! .. Moi des excuses... le Crésus du siècle..
Mungo! Faites des excuses au capitaine.

MUNGO, s'agenouillant devant Fanchette

Nho! Nho! queira descufpar, ô Senor!

DOMINGUOS

O scandale!

FANCHETTE

A la bonne heure! (A Dominguos.) Je ne comprends pas,
mais c'est égal... je regrette seulement...

DOMINGUOS

Vous aussi?... Qu'est-ce que vous regrettez? Encore
celui-là?

FANCHETTE, à Dominguos

De ne pas tenir ce Brésilien au bout de mon épée.. Je
commençais justement à me mettre en train... et me faisais une véritable fête de l'embrocher comme un pluvier!

JANUARIO, à part

Je l'échappe belle!... C'est un spadassin de profession!

SCÈNE XVI

LES MÊMES; LA REINE, ANTONIA, OFFICIERS

NORBERTO

La Reine !

LA REINE, sur le balcon de droite

Que se passe-t-il ici?

ROBERT, se découvrant

Un duel, autorisé par moi. L'offense faite par le capitaine Norberto, au jeune don Mauritio, réclamait impé-
rieusement satisfaction par les armes. Vous le savez,
Majesté, nos codes sont inflexibles sous ce rapport.

LA REINE

De quoi s'agissait-il donc?

ROBERT, se relevant

Don Norberto s'était permis de faire la cour à l'une des
deux... favorites du jeune capitaine.

FANCHETTE, stupéfaite, à part

Mes deux favorites! ..

NORBERTO

Moi... (A part.) Ah! bah!... Autant ce prétexte-là qu'un autre.

LA REINE

Est-il possible!... Si jeune et déjà... si volage.

ROBERT

Oh! Don Mauritio n'en a abandonné aucune.... Elles se partagent également son cœur.

LA REINE

Ah!... (Elle descend du praticable et vient en scène.)

DOMINGUOS, à Mungo, qu'il prend pour dona Antonia

Dona Antonia, méfiez-vous de ce don Juan en herbe.

ROBERT

Votre Majesté daignera-t-elle pardonner aux deux coupables?

FANCHETTE et NORBERTO, se jetant à genoux

Grâce, noble dame!

LA REINE, descendant les degrés

En ce jour d'allégresse, la clémence doit avoir le pas sur la justice (S'approchant gracieusement de Fanchette.) D'ailleurs, j'aime ce courage chez un si jeune champion des dames.

FANCHETTE

Comme elle me regarde.... Est-ce que ?... Ah bah (Haut) Gracieuse souveraine...

DOMINGUOS, criant

Le jeu d'échecs de la Reine.

LA REINE, bas à Robert

Allons ! Il y a longtemps, don Lamberto, que vous avez fait échec à la dame.

ROBERT, conduisant galamment la reine vers la gauche, où l'on a disposé des siéges

N'est-ce pas votre adorable volonté qui m'a laissé gagner la partie ? (Criant). Le jeu d'échecs de la Reine...

SCÈNE XVII

LES MÊMES, SEIGNEURS et DAMES, CADETS DE MARINE, DEUX HÉRAUTS, un rouge et un blanc,
PIÈCES VIVANTES DU JEU D'ÉCHECS.

(Robert, après avoir conduit à gauche la reine, derrière laquelle se rangent les dames, monte sur la plate-forme de gauche, suivi des seigneurs. Le milieu de la scène reste vide. Entrent les pièces vivantes du jeu d'échecs, vêtues, du côté de la reine, de brocard argent, blanc, et du côté de Robert, de brocard d'or rouge. Elles se placent sur leurs cases respectives et prennent part au chœur général) (1).

FINALE

CHŒUR ET SOLI

Quel plaisir !
Quel jeu rempli d'attraits,
De fournir,
Ainsi, vivants échecs,
Une course travestie !
Les deux camps,

(1) Voir pour la mise en scène de la partie, réglée par M. Ernest Falkbeer, rédacteur en chef du *Journal des Joueurs d'Echecs* de Vienne, la note placée à la fin de la pièce, note que nous avons fait suivre d'une planche, à numéros, indiquant vulgairement la marche du jeu.

Attendent provoquants.
Tous les yeux
Se sont fixés sur eux.
Qui va perdre la partie?
Les gros bataillons
Des simples pions.
Les groupes hautains
Des deux souverains,
Et les chevaliers
Sur leurs destriers,
Les tours et les fous
Sont au rendez-vous.
Quel lutteur aura la gloire
De pouvoir chanter victoire?

LA REINE (à Robert)

Grand Amiral, vous jouerez avec moi.

ROBERT (s'inclinant)

Me voilà prêt pour le tournoi.
(Fanfare. Les hérauts ouvrent le champ clos sur un signe de la reine).

LA REINE

Pour le pion du roi
Deux cases en avant!
(La manœuvre s'exécute)

ROBERT

Le mien, aussi, ma foi,
Comme opposant.
(Même jeu).

CHŒUR

Quoi! ceux qu'on voit défendre
Leur souverain,
S'avancent sans attendre
Sur le terrain?

LA REINE

Du Roi bondit le Chevalier.
Sautant trois cases de l'échiquier.
(Le cavalier saute)

ROBERT

Ma reine envoie au devant
Soudain son cavalier servant.

Même jeu).

LA REINE

Qu'un autre encor de mes soldats
Avance de deux pas.

(Même jeu).

ROBERT

Je n'en suis pas en peine ;
Il m'ouvre le chemin.

CHŒUR

En vaillant capitaine,
Trahi par le destin,
Il tombe dans l'arène
Avec dédain.

(Le pion blanc, vaincu par le pion noir, s'affaisse et est transporté
blessé, hors de l'échiquier, par le héraut.)

LA REINE

Mon fou de quatre cases
Avance vaillamment.

ROBERT

Mon pion, observant ses phases,
Manœuvre prudemment.

LA REINE

Que mon soldat s'apprête
A s'avancer d'un pas.

ROBERT

Coupons lui la retraite
Pour lui, c'est le trépas.

CHŒUR

Deux de moins ! O chance
Des combats !
(Manœuvre du pion blanc, d'après le n° 3.)

LA REINE

Ardent à la vengeance,
Accourt mon cavalier.

ROBERT

Mon fou bientôt, je pense,
Tient l'autre prisonnier.

CHŒUR

Reine, il faut le sauver.
Tu le dois préserver.
(Le pion noir, blessé par le cavalier blanc, s'affaisse et est entraîné
par le héraut de sa couleur.)

LA REINE (découragée)

Il est vainqueur, le sort en est jeté !

FANCHETTE (s'avançant vivement.)

Eh ! quoi !... La chance est pour Votre Majesté.

LA REINE (secouant la tête)

Ma perte est bien certaine !

FANCHETTE

Veuillez m'en croire, ô Reine,
A vous de l'emporter.

LA REINE

Hélas ! comment lutter ?

FANCHETTE, (en regardant Robert)

Oui, de ce tournoi
Ne craignez point le résultat!
Confiez-vous à moi. .
Bientôt avec éclat,
En quatre coups son Roi
Est Echec et Mat.

TOUS

Quoi, vraiment!

FANCHETTE

J'en réponds absolument.

ENSEMBLE

FANCHETTE	TOUS
J'en réponds sur mon honneur	S'il s'en tire à son honneur,
Sans avoir le diable	C'est qu'il a le diable
Pour mon serviteur	Pour son serviteur.
Car ce coup est peu gênant.	Son aplomb est étonnant.
C'est immanquable.	C'est peu probable
Un jeu d'enfant!	Cependant.
Vous le verrez dans un instant.	Le coup serait étourdissant.

LA REINE (à Fanchette)

Eh bien! voyons, jouez pour moi.

FANCHETTE (commandant)

Pour éviter l'échec au Roi,
Sans plus languir,
Il faut agir.
La tour ici va le couvrir.

ROBERT (riant)

Mon cavalier saute à plaisir.

CHŒUR

Le dénouement s'avance,
Le drame commence!

FANCHETTE (jouant)

Au noir chasseur, mon blanc coursier s'oppose.

LA REINE (inquiète)

La reine, alors, succombe à son effort...

FANCHETTE (fièrement)

Son dévouement sert à la noble cause.

ROBERT (jouant)

Vous le voulez, mon fou la met à mort!

CHŒUR

La reine, hélas! au champ d'honneur,
Se soumet à son vainqueur!

FANCHETTE (gaiement à la Reine)

Ah! de ce tournoi
Ne craignez point le résultat!
Confiez-vous à moi.
Bientôt avec éclat
En deux coups son Roi
Est Echec et Mat.

CHŒUR

Quoi vraiment?

FANCHETTE

Je m'en porte ici garant.

ROBERT (riant)

Quoi vraiment?

CHŒUR (avec incrédulité)

Quel entêtement!

LA REINE

Et comment ?

FANCHETTE

Vous allez le savoir :
Mon fou surprend
Le meurtrier noir
Et puis il fait échec au Roi.

CHŒUR

Ah ! quel espoir !
Il fait, ma foi,
Échec au Roi !

ROBERT

Le Roi se range avec fierté.
Ainsi le veut sa sûreté.

FANCHETTE (triomphante, indiquant le Cavalier blanc)

Le cavalier
Soudain s'abat,
Et crie altier :
Échec et Mat !

TOUS

Est-ce à croire ?
La victoire !

FANCHETTE

Échec et Mat !

ROBERT (regardant son jeu)

Vraiment, Echec et Mat !

CHŒUR

.Échec et mat !

FANCHETTE (s'inclinant devant la Reine)

Gloire ! Gloire ! Honneur !
A notre doux vainqueur !
La Reine a le dessus.

Dans ce brillant tournoi.
Ici l'on ne voit plus
Trôner un autre roi.

CHŒUR

Gloire! Gloire! Honneur!
A votre doux vainqueur.
Il n'est plus d'autre Roi
Devant la Reine du tournoi!

LA REINE (à Fanchette)

A si beau joueur
Il nous faut faire honneur.
Au jeu, dès cet instant,
Soyez mon adjudant.
Ce titre à votre Reine
Pour toujours vous enchaîne.
Vous me suivrez, dès à présent,
   Comme adjudant

ENSEMBLE

FANCHETTE (à part)	ROBERT (riant)
Vraiment! Ah! quelle chaîne! Toujours avec la Reine. Hélas! pauvre adjudant, C'est bien gênant!	Ah! vraiment, Quel sort enivrant! Ne pas quitter la Reine, D'un instant! Ah! pour un adjudant, C'est bien tentant!

DOMINGUOS (avec envie)

Ah! pour lui quel sort charmant!
Ne pas quitter la Reine
D'un instant,
Quel sort enivrant!
Pour moi, ce choix vraiment
Est imprudent!

JANUARIO

Je m'y perds, vraiment!
Que croire en ce moment?
D'abord cadet, puis capitaine,
Et maintenant
Fait adjudant!

LA REINE (à part).

Quelle raison,
Chez ce garçon !
Comme une femme,
Il est mignon !
C'est un démon !
          (Haut).
A lui revient l'honneur,
Lui seul est le vainqueur !
Si j'obtiens le doux prix du
          [tournoi],
Ce prix n'est pas à moi !
Il est à lui de droit.
Oui, gloire au vainqueur du
          [tournoi]!
Gloire, honneur,
Au vainqueur !

FANCHETTE (à part)

Quand je suis femme,
Il est bouffon
Que je serve de Céladon !
          (Haut).
Gloire, honneur,
A notre doux vainqueur !
Notre Reine a le prix du
          [tournoi].
Ici l'on ne voit plus trôner
          [un autre Roi].
Oui, gloire au vainqueur
Du tournoi !
Gloire ! Honneur !
Au vainqueur !

ROBERT

Ah ! sur mon âme,
C'est trop bouffon !
Quoi de ma femme,
Elle est le compagnon !
Ce beau mignon,
Est un démon !
Gloire ! Honneur ! etc.

JANUARIO

Ah ! pour ma flamme
Quel horizon !
Est-ce une femme ?...
Est-ce un garçon ?...
J'en perdrai la raison !
Gloire ! Honneur ! etc.

ANTONIO, DOMINGUOS, CHŒUR

Je le proclame,
Ce beau garçon
Est sur mon âme
Plein de raison.
Prêtons l'oreille à sa leçon,
Gloire ! Gloire ! Honneur ! etc.

(Le groupe des pièces vivantes du jeu d'échecs, vainqueurs et vaincus forment tableau).

FIN DU DEUXIÈME ACTE.

ACTE TROISIÈME

Le nouveau favori

Au château royal. — Portes au fond et aux pans coupés de droite et de gauche — Au 1er plan de gauche, porte secrète menant aux appartements de l'Amiral.

SCÈNE I

DOMINGUOS, HABITANTS DE LISBONNE, UN HUISSIER

INTRODUCTION

(Dominguos et l'huissier recueillent les pétitions écrites qu'on leur présente).

CHŒUR

Nous venons tous dans cette enceinte
A la Reine exprimer notre plainte,
Contre un drôle sans lois et sans crainte.
Sur lui, tout crie haro !
En vain nous fuyons ses atteintes !
Don Mauritio !
Don Mauritio !
Est pour nous un vrai fléau !
Don Mauritio !
Don Mauritio
Est le diable incognito !

DOMINGUOS

Pourquoi donc crier ainsi ?
Qui vous amène ici ?

TOUS

Don Mauritio !
Don Mauritio
Un mauvais sujet ex-professo !

DOMINGUOS, examinant les pétitions (Parlé sur la musique)

Don Mauritio, encore don Mauritio, toujours ! Ce petit drôle met Lisbonne sens dessus dessous !... Et voilà les gens qu'on protège dans cette cour !

Ah ! quelle scène.
A chaque instant !
Pour notre Reine,
Le bel adjudant !
Coureur de filles,
Pilier de tavernes,
Chercheur de castilles,
Bourreau de lanternes,
Terreur des femmes,
Et des maris !
Tout est permis
A ce mignon des dames !
Don Mauritio !
Don Mauritio !
Est pour tous un vrai fléau !

TOUS

Don Mauritio !
Don Mauritio
Est le diable incognito !
(Dominguos fait un signe aux suppliants qui se retirent).

SCÈNE II

DOMINGUOS, L'HUISSIER

DOMINGUOS, à l'huissier

Vous ferez parvenir toutes ces suppliques à l'Amirauté...
Ce que ce jeune homme parvient à accomplir de frasques

et de méfaits, passe l'imagination!... Où diable peut-il trouver le temps de courir le guilledou?... Je ne le vois presque pas bouger d'ici...

L'HUISSIER, annonçant

Son Excellence le Grand Amiral!

SCÈNE III

LES MÊMES; ROBERT

ROBERT, en entrant, à l'huissier

Sa Majesté est-elle déjà revenue de son excursion à cheval?

L'HUISSIER

Non, Excellence.

DOMINGUOS

Seigneur Amiral... (D'un ton joyeux) j'ai des plaintes graves à vous communiquer au sujet du nouvel aspirant... adjudant, capitaine, que sais-je... que vous honorez de votre protection toute spéciale.

ROBERT, avec calme

Ah! vraiment!... Encore?

DOMINGUOS

Depuis que je remplis les nobles fonctions de Maître des cérémonies, je ne me souviens pas d'avoir été en rapport avec un pareil sacripant.

ROBERT

De quoi s'agit-il?

DOMINGUOS

Huissier, les suppliques !

(L'huissier présente les suppliques à Robert qui y jette un coup d'œil distrait. L'huissier sort.)

DOMINGUOS

Voilà une centaine de plaintes contre lui... Filles mises à mal, veilleurs de nuit rossés, femmes mariées séduites...

ROBERT, riant

Ah! des femmes mariées, aussi.

DOMINGUOS, d'un ton rogue

Vous riez!... Je ne vois pas ce qu'il y a à rire du fait... du détournement d'une femme mariée.

ROBERT, distrait

Oh! pardon !... Je regrette...

DOMINGUOS, vivement

Vous regrettez?... Me serait-il permis de vous demander ce que vous regrettez?. .

ROBERT, riant

Mais d'avoir ri, parbleu !...

DOMINGUOS, rassuré

Ah!... Si ce n'est que ça !

ROBERT

Je ferai entendre raison à ce cerveau brûlé. Où est don Mauritio?

DOMINGUOS

Le nouveau favori... (Se reprenant.) Oh! pardon!

ROBERT, impassible

Eh bien!... le nouveau favori?

DOMINGUOS, à part

Cela me passe!... Il ne voit donc rien?... Quel aveugle-
ment!

ROBERT, impatienté

Où est-il, enfin?

DOMINGUOS, avec intention

Il est sorti, pour commencer son apprentissage de
cavalier servant.. monté sur un grand diable de cheval
et galopant galamment à côté de notre Gracieuse Souveraine.. (Rumeur au dehors.) Mais que se passe-t-il par
là bas?

ROBERT

En effet, cette rumeur!

SCÈNE IV

LES PRÉCÉDENTS, ANTONIA

ANTONIA, troublée, entrant par le fond

Ah! les voilà... Seigneur Amiral! .. La Reine! Ah!...

ROBERT, avec angoisse

Ciel, qu'est-il arrivé?

DOMINGUOS

Mais parlez donc, Madame, parlez donc !

ANTONIA, tremblante

Cette promenade... le cheval qui s'est emporté... La Reine est tombée...

ROBERT, avec un cri

Grand Dieu ! Maria !

(Il veut se précipiter. Antonia le retient.

DOMINGUOS, stupéfait

Maria ! Il l'appelle Maria !

TERZETTO ET SEXTETTE

ROBERT

Non, laissez-moi ! Je veux la voir ?

ANTONIA

Où courez-vous ?

ROBERT

O désespoir !

DOMINGUOS (à part)

Mais quel transport ! Quoi, l'autre aussi ?

ANTONIA, (retenant Robert)

Demeurez, elle est ici.

SCÈNE V

LES MÊMES : LA REINE, FANCHETTE, JANUARIO
DEUX PAGES

Fanchette soutient la reine suivie de Januario et d'un page qui
avance un fauteuil où la reine se laisse tomber.)

LA REINE

Rassurez-vous, je suis forte !
Ce n'est rien,
Tout va bien !...
Mon cheval qui sous moi s'emporte,
Et qui s'abat sur le carreau...
Par bonheur, don Mauritio...

DOMINGUOS (avec humeur)

Quoi, toujours don Mauritio !

ROBERT (avec chaleur)

Ah ! pour sauver vos jours...
Si j'avais pu connaître...

LA REINE (se levant)

Loin de tout secours
J'allais périr, peut-être,
Mais fort heureusement
J'avais mon adjudant !

ENSEMBLE

LA REINE	FANCHETTE
Grâce au Ciel, je suis sauvée !	Grâce au Ciel, elle est sauvée !
Sa bonté m'a préservée !	Sa bonté l'a préservée !
Plus d'alarmes, de frayeur	Plus d'alarmes, de frayeur.
Grâce à mon vaillant sauveur !	De son front fuit la pâleur.
En voyant à mon retour,	En voyant à son retour
Tant de joie et tant d'amour,	Éclater autant d'amour,
Je sens d'orgueil et de bonheur	D'un juste orgueil et de bonheur
Bondir mon cœur !	Bondit son cœur !

DOMINGUOS, ROBERT, ANTONIA, JANUARIO

Grâce au Ciel, elle est sauvée!
Sa bonté l'a préservée!
Plus d'alarmes, de frayeur,
Grâce à son heureux sauveur.
En voyant, etc.

JANUARIO

A triples guides, vers Paris,
   Le cœur plein de soucis,
Je galopais, lorsque soudain,
    Sur le chemin,
   J'aperçois une dame,
   Prête à rendre l'âme!
Sa Majesté se renversait;
Son adjudant la délaçait.
Fort honoré de l'aventure,
A tous les deux j'ai prêté ma voiture.
          (Regardant Fanchette).
Et voilà comme un grand malheur,
Peut avoir son petit bonheur!

LA REINE (avec effusion)

Je garderai de mon sauveur
Le souvenir au fond du cœur!

LA REINE	FANCHETTE (à part)
Grâce au Ciel je suis sauvée!	Grâce au Ciel elle est sauvée!
Sa valeur m'a préservée!	Sa bonté l'a préservée!
Plus d'alarmes, de frayeur,	Mais si j'ai surpris son cœur,
Grâce à mon charmant sauveur.	C'est pour tous un grand malheur.

JANUARIO, ROBERT, ANTONIA et DOMINGUOS

Grâce au Ciel elle est sauvée!
Sa bonté l'a préservée,
Plus d'alarmes, de frayeur,
Grâce à son heureux sauveur!

LA REINE

Oui, rendez grâce à mon jeune et courageux sauveur.
Sans lui, à l'heure qu'il est, il n'y aurait plus de reine de

Portugal. Aussi ne pensé-je accomplir qu'un devoir de reconnaissance en le décorant de l'Ordre du Christ...

FANCHETTE, bas à Robert

Eh bien! mon chien-chien, qu'en dis-tu? Me voilà chevalier, à présent.

DOMINGUOS, à part

Chevalier, ce morveux!

LA REINE

Merci, à vous aussi, don Januario. Votre brevet vous parviendra en même temps qu'à don Mauritio.

DOMINGUOS, à part

Patatras!... Il pleut des croix!.. Il faut que le ruban soit bien tombé, au Portugal!

JANUARIO, pliant le genou

O Majesté, quelle précieuse faveur!... (Il se relève sur un signe de la reine. — Avec orgueil.) Maintenant, de cinq frères, je suis le seul crucifié!

ROBERT, s'approchant de la reine

Et qu'éprouve en ce moment Votre Majesté?...

LA REINE, jetant un tendre regard à Fanchette

Oh! plus rien, si ce n'est un éternel sentiment de gratitude envers don Mauritio... (La regardant avec plus d'intérêt encore.) Quel charmant jeune homme!

JANUARIO, regardant Fanchette, à part

Oh! si je ne me suis pas trompé sur son sexe!. .

LA REINE

Amiral.

ROBERT

Majesté ?

LA REINE

Vous ferez compter à don Mauritio soixante mille douros, sur ma cassette privée.

FANCHETTE, bas à Robert, qui s'est incliné

Qu'est-ce que ça peut faire, tous ces douros-là, en livres de France ?

ROBERT, de même

Trois cent mille francs !

FANCHETTE, à part, émerveillée

Diable ! (S'inclinant.) O Majesté !

JANUARIO, magnifiquement

Je majore, pour ma part, cette récompense, d'un million de douros.

LA REINE, souriant

Chacun donne selon ses moyens...

JANUARIO, prenant dans son portefeuille, à couverture d'or,
une lettre de change

Voici cinq millions... (Riant.) Pouvez-vous me rendre... (Avec intention.) capitaine ?

FANCHETTE, se fouillant d'un air plaisant

Je n'ai pas de monnaie sur moi.

JANUARIO, avec munificence

Qu'à cela ne tienne... Gardez le reste pour vos dépenses de poche... capitaine!... (Bas.) En à-compte sur celles de Fanchette...

DOMINGUOS, à la Reine

Cet argent arrive fort à propos au jeune écuyer de votre Majesté, car il doit avoir pas mal de dettes à payer et d'obligations à remplir.
(Il présente les plaintes à la reine qui y jette un coup d'œil surpris.)

JANUARIO, vivement

Des dettes!... Je les paie...

DOMINGUOS, de même

Il y a encore les veilleurs de nuit rossés...

JANUARIO

Je les indemnise...

DOMINGUOS

Les lanternes cassées...

JANUARIO

Envoyez-moi le vitrier...

DOMINGUOS

Les femmes et les jeunes filles enlevées...

JANUARIO

Je les... (S'arrêtant.) Non, je ne paie plus... (A part.) Fanchette aurait enlevé des femmes... Et pourquoi faire?..

(Fanchette, à chaque nouvelle pièce présentée par Dominguos a poussé un « Ah! » différemment nuancé, en voulant interrompre le maître des cérémonies; Robert l'arrête constamment.)

DOMINGUOS, remettant une dernière supplique à la reine

Enfin, j'appelle l'attention toute spéciale de Votre Majesté, sur cette supplique... tendant à faire établir une paternité...

JANUARIO, vivement

Une paternité.... (A part.) Fanchette serait père.... Je m'y perds...

LA REINE

La jeunesse ne connaît ni règle ni mesure !

FANCHETTE, très ennuyée

Hélas !

LA REINE, à Fanchette

Mais j'en suis persuadée, si vous rencontriez sur votre chemin un noble et vaillant amour, prêt à tous les sacrifices, comme à tous les dévouements...

FANCHETTE, pour se tirer d'affaire

O Majesté! Ma vie passée, que je renie, à présent, ne serait plus qu'un fâcheux souvenir!... (A part.) Encore ce regard?...

DOMINGUOS, bas à Antonia

Retenez bien ce que je vous dis... Avant un an d'ici, ce don Mauritio sera l'époux de la reine?

ANTONIA, haussant les épaules

Vous êtes fou !

JANUARIO, bas à Robert

Avant huit jours, elle est ma femme !

ROBERT, bas

Qui ça ? don Mauritio !

JANUARIO, même jeu

Au diable !... Fanchette !... Vous me croyez aussi plus bête que je ne suis !...

LA REINE, bas à Fanchette sur le devant de la scène

Il faut vous amender, don Mauritio, je l'exige, je vous en prie... (Bas.) Je vous y encouragerai, je vous soutiendrai, je serai pour vous, non une reine, mais une amie discrète et fidèle... (A Robert.) Votre bras, Amiral !
(Tous sortent, à l'exception de Fanchette et de Januario.)

SCÈNE VI

DUO

(Musique. — Fanchette veut suivre la reine, Januario la saisit par le bras et la conduit près de la rampe.)

JANUARIO

Où portez-vous vos pas?

FANCHETTE (voulant se soustraire à lui)

Je connais mon service !

JANUARIO

Trêve à cet artifice !
Vous ne sortirez pas.
(Avec une chaleur comique.)

> La lave avec effort
> Bouillonne dans mon être.
> Je ne suis plus le maître
> D'un dangereux transport.
> Des éclairs volcaniques
> Irritent mon ardeur!
> Le soleil des tropiques
> Est moins chaud que mon cœur!

FANCHETTE (à part)

> Quel amour! Et quelle nature!

(A Januario.)

> Lâchez-moi. Vous me faites mal!

JANUARIO

> Et toi, bizarre créature,
> Beau capitaine d'aventure,
> Ange adoré, monstre infernal,
> Soubrette, adjudant déloyal,
> Source de joie et d'imposture...
> Par quelle incessante torture
> Rends-tu mortelle la blessure
> Que tu me fis d'un cœur égal?

FANCHETTE (coquettement)

> Ah! vraiment, si j'étais femme,
> Le joli moyen
> De prouver sa flamme,
> Que ce discours doux et benin.
> Chaque pays a ses usages.
> A cette langue de sauvages
> On voudrait résister en vain.
> Elle m'irait tout droit à l'âme
> Si j'étais femme!

JANUARIO (s'agenouillant et baisant la main de Fanchette
avec transport)

> Ah! rendez-vous à mon amour!
> Payez-moi d'un tendre retour!

FANCHETTE (reprenant sa voix d'homme)

> Morbleu, Monsieur, ce jeu me vexe !
> Je vous ai prouvé l'autre jour.
> Le fer en main, et sans détour,
> Quel était au juste mon sexe !

JANUARIO (d'un ton menaçant)

> Un homme !... Ah ! si je le croyais !

FANCHETTE (avec inquiétude)

> Eh bien ! alors ?

JANUARIO

> Si tu l'étais !...
>   (D'un air grotesquement terrible).
> Tous les spadassins de Lisbonne,
> Tous les bravi du Portugal,
> S'acharneraient à ta personne
> Pour venger un affront brutal.
> Ton corps n'aurait plus une place
> Où leurs poignards n'auraient porté !...
> (Faisant le geste de donner des coups de poignard).
> Zig ! zag ! ils ne te feraient grâce
> Que réduit en chair à pâté !

FANCHETTE (effrayée)

> Zig ! zag !... Que réduite en chair à pâté

JANUARIO

> A pâté !

FANCHETTE

> A pâté !...

> Et sur les sommets arides
> Où les fauves prennent l'essor,
> On te jetterait froid et mort
> En proie aux chacals avides ;
> Et l'hiver, les vent glacés,
> Joueraient sur tes os livides
> Le *Requiem* des trépassés ;
> Brrr !... Brrr !... Pfft ! Pfffui !

ENSEMBLE

En proie aux chacals avides !
Et l'hiver, les vents glacés,

Joueraient sur { mes / tes } os livides

Le *Requiem* des trépassés !
Brrr !... Brrr !... Pfff !... Pfffui !...

FANCHETTE

Ce tableau donne froid à l'âme.
Il prête fort à songer.
    (Coquettement et avec sa voix de femme).
Si pourtant je pouvais changer
Et pour vous... redevenir femme ?...

JANUARIO (avec éclat

Si tu voulais être ma femme ?...
     (Avec ivresse. Balancelle à l'orchestre).
Sur un chantier d'or et d'argent.
On te construit un beau navire,
Au sol pavé de diamants,
Aux flancs de marbre et de porphyre !
Perles, rubis, saphirs, grenats,
Ornent la couche où tu reposes !
Et tu ne peux faire un seul pas,
Sans fouler un tapis de roses !

FANCHETTE

O Dieu ! que de charmantes choses !

JANUARIO

De colombes et de pigeons
La nauf sur l'eau serait traînée...
   (Imitant le roucoulement et le battement d'ailes).
Ourrrou !... Ourrrou !... Ourrrou !... Ourrrou !...

FANCHETTE (de même)

Ourrrou !... Ourrrou !... Ourrrou !... Ourrou !...

JANUARIO (de même)

Brrou !... Brrou !... Brrou !...
Et nous ririons des aquilons

Dans la cabine fleuronnée!
(Imitant le zéphyre).
Pfffui!... Pfffui... Pfffui!... Pfffui!...

FANCHETTE

Pfffui!... Pfffui!... Pfffui!... Pfffui!...
Ourrrou!... Ourrrou!...

JANUARIO

Brrou!... Brrou!...
Pfffui!... Pfffui!... Pfffui!...

FANCHETTE

Pfffui!... Pfffui!...
Ourrou!...

ENSEMBLE

· De colombes et de pigeons
La nauf sur l'eau serait traînée.
Ourrrou!... Ourrrou!... Ourrrou!... Ourrrou!...
Et nous ririons des aquilons,
Dans la cabine fleuronnée!
Ourrrou!... Ourrrou!... Ourrrou!... Ourrrou!...
Le choix n'est pas douteux !
Nous serons heureux!
(Januario tombe à genoux).

SCÈNE VII

LES MÊMES, ROBERT

FANCHETTE

Brrr!... Pfff! Pfff!... Il n'y a pas à hésiter... Eh bien,
don Januario, je suis...

ROBERT, passant entre Fanchette et Januario.

Le capitaine Mauritio de Queroga...

FANCHETTE, se révoltant

Eh quoi!.. Lorsque l'occasion s'offre enfin de secouer cette effroyable contrainte, de quitter ces culottes et ce maudit harnachement... Non, non!... Arrive ce qui peut.. Januario, je me nomme Fanchette Michel et je suis si bien femme... que je deviendrai la vôtre quand vous voudrez.

(Elle saute au cou de Januario.

JANUARIO

Oh! je suis le plus transporté de cinq frères!... (Ils se courbent devant Robert.) Amiral, votre bénédiction.

ROBERT

Qui, moi?...

JANUARIO, se relevant vivement, ainsi que Fanchette

Il est impossible que je rencontre des obstacles... Combien vaut cet officier avec tout son équipement?.. Je vous l'achète... J'y mettrai le prix! ..

ROBERT, avec douleur

Ainsi Fanchette, tu veux décidément me perdre?

FANCHETTE

Insensé, qui ne vois pas ce qui passe!... Eh bien! apprends tout et retiens moi encore, si tu veux... Ta femme m'aime!...

ROBERT

Ah bah!

JANUARIO, stupéfait

Qui ça, sa femme!...

FANCHETTE à JANUARIO

La Reine, mariée secrètement avec l'Amiral ..

JANUARIO, effrayé

Ah!.. (Joyeusement) Je comprends... Oh! Sa Majesté!...
Il s'arrête.

ROBERT et JANUARIO, ensemble

Que faire ?

FANCHETTE

Fiez-vous à moi. Je ferais dénoner la situation par la
reine elle-même, aussi vrai que je m'appelle Fanchette
Michel...

COUPLETS

Comment garder encor un dangereux mystère ?
Hélas ! en fait d'amour, on fait ce que l'on peut !
Pourtant, ne craignez rien.. amis, laissez-moi faire.
Ce que veut femme, le diable aussi le veut.

ROBERT et JANUARIO

Ce que veut femme, le diable le veut.

FANCHETTE

Adam n'était qu'un sot bonhomme
Avant d'avoir tâté du fruit !
C'est Ève qui trouva la pomme
Et le serpent n'est qu'un on-dit.
        Son assurance
        Gagna l'époux ..
        Et la science
        Vous vint par nous !
Dans tous vos grands desseins, subtils ou téméraires.
La femme est le pourquoi, par elle tout se meut.
Elle est de bon conseil en toutes les affaires.
Ce que veut femme. le diable aussi le veut.

ROBERT et JANUARIO

Ce que veut femme, le diable le veut.

FANCHETTE

De Salomon, les vieilles chartes,
Sont la sagesse encor pour nous.
C'est qu'il avait dedans ses cartes,
Trois mille femmes pour atouts!
Malgré son âge
Ce roi galant
Ne devint sage...
Qu'en s'oubliant !

ENSEMBLE

Dans tous { vos } { nos } grands desseins, subtils ou téméraires, etc.

Ne craignez rien, vous dis-je... Si vous consentez à me seconder, rien n'est perdu... La reine!... Venez... Il ne faut pas qu'elle nous voie ensemble...

(Ils sortent vivement tous les trois).

SCÈNE VIII

LA REINE, ANTONIA, DOMINGUOS.

(La nuit vient peu à peu)

LA REINE, tenant un papier à la main.

Cette dépêche de France contient une nouvelle si importante et si heureuse!... Seigneur Maître des cérémonies, voulez-vous avoir la bonté de convier ma Cour tout entière à l'entendre de ma bouche?

DOMINGUOS, d'un air gourmé

Le Grand Amiral aussi ?

LA REINE, en souriant

Le Grand Amiral surtout... (Bas à Antonia) La chose le concerne particulièrement.

DOMINGUOS, à part

On ne sait jamais ici, celui qui est en haut ou en bas !
(Haut à Antonia qu'il prend pour la reine) Oserais-je demander
à Votre Majesté si le Roi de France réclame le repatrie-
ment de son ancien lieutenant de cavalerie ?...

LA REINE, riant

Le réclamer ?... Bien au contraire !

DOMINGUOS

En ce cas, je prierai Votre Majesté de bien vouloir
donner son consentement à ma séparation d'avec dona Antonia.

LA REINE et ANTONIA

Que dites-vous ?

DOMINGUOS

Qu'il y a quelques jours, j'ai surpris en conversation
trop intime cette dame... (Il indique la reine) avec le seigneur Amiral qui... (Voyant à un geste impérieux de la reine,
qu'il s'est trompé.) Oh ! pardon, Majesté !... Je ne vois pas
ce que je dis... (Perdant la tête.) Mais aussi, ça devient par
trop intolérable... Chaque courtisan se croit le droit de
me railler, les dames de la cour sont toujours à me déco-
cher des mots à double entente et il n'y a pas jusqu'aux
simples pages qui ne me rient au nez... Cette hilarité gé-
nérale est décidément incompatible avec le caractère
majestueux de ma charge.

ANTONIA, vivement

Eh ! quoi !... Vous croiriez ?...

DOMINGUOS, se dressant superbement

Que vous venez masquée aux rendez-vous de don Roberto !

LA REINE et ANTONIA

Masquée !... Ah ! ah ! ah !
(Elles éclatent de rire en changeant de place.)

DOMINGUOS

Et que vous avez même poussé la liberté du masque jusqu'à me gratifier d'un soufflet... pouvant largement compter pour deux...

LA REINE et ANTONIA, en riant

Un soufflet !... Ah ! ah ! ah !

DOMINGUOS, sévèrement à la reine

Madame, que signifient ces rires impertinents ?... (Se reprenant.) Oh ! pardon, Majesté !... ma déplorable myopie...

LA REINE, continuant à rire

Votre myopie !... Ah ! ah ! ah !... Elle est si grande que vous avez pris votre femme .. Ah ! ah ! ah !... Que vous croyez que l'Amiral ?... Ah ! ah ! ah !... Seigneur Maitre des Cérémonies, que de grâces à vous rendre ?... Depuis long-temps il ne m'était arrivé de rire d'aussi bon cœur !...

ANTONIA, s'abandonnant à son tour

Ni moi non plus !...
(Elles se laissent tomber toutes deux en riant dans des fauteuils.)

DOMINGUOS, très intrigué

Mais... je ne puis comprendre...

LA REINE, riant encore, mais se levant

Allez rassembler les seigneurs et les dames de ma
Cour et tout vous sera surabondamment expliqué... Et
honteux et repentant de vos soupçons, vous ferez à doña
Antonia les plus humbles excuses...

DOMINGUOS

Moi, des excuses à cette perfide?. . J'oublierais?. . (Il se
tâte la joue.) Jamais... (Galamment à doña Antonia en lui présentant le bras.) Venez-vous, senora?

SCÈNE IX

LA REINE, seule, jetant un coup d'œil sur la dépêche

Enfin, le moment est venu de rendre notre mariage
public, de faire connaitre notre bonheur! — Pourquoi
faut-il que cette nouvelle me laisse presqu'indifférente? ..
Ce don Mauritio, si jeune, si vaillant, si dévoué, a
éveillé dans mon cœur un intérêt étrange... (Elle se lève.)
Il ne faut pas jouer avec le feu!... Je veux rester digne
de moi et de mes serments... Je n'ai point le droit d'avoir
une pensée que je rougirais d'avouer à mon époux...
J'aviserai à éloigner ce jeune homme de ma cour... je
le chargerai de quelque mission importante qui assure à
la fois ma tranquillité et son avenir... (Soupirant.) C'est
dommage pourtant!...

SCÈNE X

LA REINE, FANCHETTE

FANCHETTE, enveloppée d'un large manteau blanc, comme
en portaient les cavaliers, arrivant par le fond, à part.

Voici le moment terrible!... Pourvu que Robert ne me
laisse pas en plan!... Ah! comme mon cœur bat!... La

comédie que je joue pourrait avoir un dénouement sinis-
tre !.. Ah ! bah !... Le tout pour le tout !

(Elle fait du bruit en marchant et fait tomber une chaise.)

DUO

LA REINE

Qui va là?... Répondez!... Si c'était!... Vous ici?

FANCHETTE (tragiquement)

Oui, moi, sachant mon sort, tremblant et misérable !
Oui, moi, dût votre arrêt briser mon front coupable.
L'amour me livre, ô reine, hélas! à ta merci !
Mourir à tes genoux,
Encor me serait doux !

LA REINE

Ciel! qu'entends-je!... Téméraire !
Et quels sont vos projets ?
Redoutez ma colère!
Éloignez-vous !

FANCHETTE

Jamais !

LA REINE

Je le veux, je l'ordonne.
Moi, la reine en personne!
Ah! laissez-moi !

FANCHETTE

Que je vous quitte?

LA REINE

Dieu! quel transport
L'agite !
Un mot de plus et c'est la mort !

FANCHETTE

Eh quoi! sans parler je fuirais!
Non, non, non, non, jamais!

FANCHETTE	**LA REINE** (à part)
Vous saurez d'un tendre cœur,	Malgré moi, je sens mon cœur
Jusqu'où va la folle ardeur!	Palpiter à son ardeur!

FANCHETTE (avec passion)

Douce reine de beauté,
Dont mon cœur est transporté,
Prenez pitié d'un malheureux,
Qui jusqu'à vous ose porter ses vœux!

Mais l'amoureux serait bien sot...
(A part).

(Haut).
Bel ange radieux!

(A part).
Si tu devais le prendre au mot...

LA REINE (d'un ton sévère)

Si je voulais trahir ce terrible secret.
Un geste, un cri, c'est le trépas.

FANCHETTE (comiquement)

Ne criez pas,
Car l'on m'arrêterait!
Dès le jour qu'à mes yeux éblouis
Apparut votre image,
Sur mon cœur trop longtemps indécis.
Vous régnez sans partage.
Ce que te murmure
L'amant qui te suit.
A nulle femme, je le jure,
Reine, je ne l'ai dit!

(A part).
Ceci, du moins, n'est pas une imposture,
On peut en croire mon récit.

11

LA REINE

A cette voix mélodieuse et pure,
Je sens mon cœur qui s'attendrit !

                                        (Haut).

Vous m'outragez !..

FANCHETTE (tirant de dessous son manteau un pistolet d'arçon)
                    Eh ! bien, mon sort
Doit s'accomplir... A moi la mort !
                            (Avec insouciance).
Un peu plus tard, un peu plus tôt !..
                            (A part).
Mais ne vas pas me prendre au mot !..
Elle se tait !... C'est le moment !...
                            (Haut).
                    Adieu !

LA REINE (avec épouvante)

Donnez-moi cette arme, grand Dieu !

FANCHETTE

Moi m'y résoudre !...
                            (A part).
Elle s'apercevrait qu'il est sans plomb ni poudre !
                    (Haut, avec passion).
Sans ton cœur, ô Marie,
Que m'importe la vie !

LA REINE (à part)	FANCHETTE (de même)
Ah ! je sens couler mes pleurs !	Elle est forte en ses terreurs !
Que d'amour dans ses fureurs !	Il nous faut pousser aux pleurs.

FANCHETTE (se jetant à genoux)

Oui, je suis ton esclave !

LA REINE (à part avec émotion)

Mon esclave?

FANCHETTE

Le trépas je le brave !

LA REINE (de même)

Il le brave !

FANCHETTE

Si je dois expirer pour toi !...

LA REINE (de même)

Il veut mourir... mourir pour moi !

FANCHETTE

Bannissons un lâche émoi !...
Oui, tu seras à moi !

(A part).

Quoi, pas un cri ?

LA REINE (avec effroi)

Ah ! près d'ici,
Je crois entendre
Qu'on vient déjà
Pour nous surprendre !...

FANCHETTE (à part)

Précisément, c'est fait pour ça !

LA REINE

Partez, cruel !

FANCHETTE (appuyant le pistolet sur son front)

Non, cet instant est solennel !

LA REINE (à genoux)

Arrêtez-vous, au nom du ciel !

FANCHETTE	LA REINE (à part)
Oui, je suis ton esclave,	Il se dit mon esclave,
Le trépas je le brave !	Et la mort il la brave !
Mais s'il me faut mourir pour [toi],	Me faudra-t-il subir sa loi ?
Oui, tu seras à moi !	Ah ! je me meurs d'effroi !

(Pendant la ritournelle, la reine fait des efforts pour arracher à Fanchette son pistolet. A la fin, la victoire reste à la première, qui pose l'arme sur la table et se place devant, avec résolution).

LA REINE

Encore une fois, don Mauritio, éloignez-vous, je vous l'ordonne!...

FANCHETTE

Jamais, jamais!... (A part). Et Robert qui ne vient pas! (Haut avec passion). O ma Reine!

LA REINE

Eh bien! Puisqu'il le faut, apprenez, don Mauritio, que même si j'étais assez insensée pour partager votre folle passion, je ne le pourrais pas sans forfaire à l'honneur!... Je ne suis plus libre... Je suis mariée secrètement à..... Ciel, des pas!...

FANCHETTE

Des pas!... (A part). C'est le chien-chien!... Ouf!...
								(Toute cette scène doit être brûlée).

LA REINE à part

C'est Robert qui arrive par l'escalier dérobé... (Haut). Ah! fuyez...

FANCHETTE, à part

Maintenant je le puis... (Haut). Eh bien! soit, mais vous me pardonnez, n'est-ce pas?

LA REINE vivement

Oui, oui!

FANCHETTE (jouant l'amour)

Qu'importent les obstacles, les liens même les plus sacrés devant la voix de la passion!...

LA REINE

Vous me perdez!...

FANCHETTE

Permettez-moi de vous aimer !

LA REINE, éperdue

Oui, oui... Mais laissez-moi !

FANCHETTE

A bientôt donc, ô ma Reine (Elle se dirige vers la gauche).

LA REINE, vivement

Pas par là !... Il y a l'huissier de service...

FANCHETTE, à part

Pardi, je le sais bien ! (Elle va vers le fond). Par là, alors...

LA REINE

Et les deux gardes ?...

FANCHETTE, à part

Allons donc ! Elle y viendra !...
(Elle affecte la plus grande indécision. On entend mettre une clef dans la serrure .

LA REINE, au comble de la terreur

Ici, dans ma chambre à coucher !...

FANCHETTE, à part

Nous y voilà ! Bravo !
(Elle se précipite dans la chambre, en laissant tomber son manteau. La reine, comme Robert au premier acte, referme la porte au moment où celui-ci entre entre précipitamment, par l'entrée secrète).

SCÈNE XI

LA REINE, ROBERT

ROBERT, l'épée à la main

Où est-il, où est-il ?

LA REINE

Qui cela ?... mon ami...

ROBERT

On l'a vu se diriger de ce côté...

LA REINE, se levant avec une dignité forcée

Depuis quand parle-t-on à sa Souveraine, l'épée à la main ?

ROBERT, rengainant son épée

Que Votre Majesté daigne excuser... Maria, pardonnez-moi, mais si ce que vient de me dire don Dominguos est vrai...

LA REINE, d'une voix faible

Don Dominguos ! ..

ROBERT

Il a vu se glisser un homme dans les appartements de la reine !

LA REINE, affectant l'indignation

Un homme... ici !

ROBERT

C'est ce que je me suis écrié également..... Ainsi vous
ne vous êtes aperçue de rien...

LA REINE, en hésitant

Il n'est pas venu d'homme, je vous assure !... (A part).
Une Reine, en être réduite à mentir !...

ROBERT, à part

Sans s'en douter elle dit l'exacte vérité. (Haut). On assure pourtant que cet audacieux n'est autre que don Mauritio... On aurait reconnu le jeune séducteur qui s'est
vanté dernièrement encore de ne rencontrer de résistance
chez aucune femme... quelque haut placée qu'elle puisse
être !

LA REINE, indignée

Robert !

ROBERT, comme emporté par la jalousie

Oh ! je ne vous le cache pas... La faveur déclarée avec
laquelle vous traitez ce drôle m'a percé le cœur..... Eh
quoi ! en huit jours à peine, de mauvais cadet de marine
qu'il était, capitaine, puis adjudant de la reine, puis grand
écuyer, que sais-je?.. . Et Mauritio par ci, cher écuyer
par là, mon bon adjudant, mon gentil sauveur !... (Feignant
la colère). Mille caronades !....... Vous n'aviez pas besoin,
Madame, d'autre adjudant que moi !

LA REINE

Robert !... Je vous en conjure, vous vous trompez !

ROBERT, avec résolution

Eh bien, prouvez le donc... (Il prend du papier et une plume
sur la table). Voici du papier et de l'encre... Signez l'ordre
de son bannissement perpétuel, et je vous crois.... Aussi

bien les motifs de plainte ne manquent point.. J'exige qu'il reparte dans les vingt-quatre heures pour le Brésil..

LA REINE *prenant le papier en tremblant*

Oh! bien volontiers!... (Jetant un regard sur la porte de sa chambre) Je voudrais qu'il fut loin déjà.

(Elle écrit.)

ROBERT, *voyant le pistolet et s'en emparant*

Mais qu'est ceci? .. Un pistolet...

LA REINE, *tremblant*

Je... je n'en sais rien .. Le hasard .. (Voyant que Robert regarde dans le canon.) Prenez garde,... il est chargé!...

ROBERT

Et comment le savez-vous?... Répondez!... Oh! je devine .. Le misérable a osé pénétrer jusqu'à vous!...

LA REINE

Non!...

ROBERT, *avec force*

Il a voulu vous contraindre, à main armée, à oublier vos devoirs!

LA REINE

Non, non! ..

ROBERT, *avec violence*

Femme parjure, tu mens!...

LA REINE, *épouvantée*

Don Roberto!

ROBERT

Ce n'est plus le sujet qui vous parle, mais l'époux outragé qui demande vengeance, qui a soif du sang de votre complice, Madame, et qui le tuera sans miséricorde!...

LA REINE, tombant dans un fauteuil

Ah ! je me meurs !

ROBERT

Oui, la mort à l'infâme, la mort... (Il tire son épée et four-
gonne sous la table.) Sortez, lâche scélérat, ayez du moins
le courage de vous montrer... Don Mauritio, debout et
l'épée à la main.. (Il aperçoit le manteau.) Un manteau !..
Un manteau de cavalier !... (Criant. Où est le cavalier ?

(Il parcourt tragiquement la scène. La reine épouvantée s'élance
devant la porte de sa chambre, prête à lui barrer le chemin).

LA REINE

Robert, calmez-vous .. Écoutez-moi....

ROBERT, allant à elle

Laissez-moi entrer dans cette chambre...

LA REINE

Jamais !

ROBERT

Ouvrez cette porte, vous dis-je, ou craignez... Je ne
me contiens plus... Un voile rouge passe devant mes
yeux...

(Mélodrame jusqu'au finale).

LA REINE

O ciel !.. Les seigneurs de ma Cour ! (A part.) Dieu soit
loué !...

ROBERT, jetant le manteau et le pistolet sous la table

La Cour !... Non... un pareil scandale est impossible...
A plus tard, Madame, à plus tard... Mais il n'échappera
pas à ma juste vengeance !

SCÈNE XII

LES MÊMES; DOMINGUOS, ANTONIA, SEIGNEURS
et DAMES DE LA COUR, CADETS DE MARINE,
PAGES, GARDES, ETC.

(On apporte des lumières et on relève les draperies du fond, qui
laissent voir un effet de lune).

DOMINGUOS

Les ordres de Votre Majesté ont été exécutés fidèlement. Voici votre Cour au grand complet.

LA REINE, regardant Robert, qui se tient d'un air sombre devant
la porte de la chambre à coucher

Soyez les bienvenus, mes fidèles... Je vous attendais...
Seigneur Maître des cérémonies, veuillez me donner un
des papiers qui se trouvent sur cette table...

DOMINGUOS, prenant un papier et y jetant les yeux

L'ordre d'exil de don Mauritio !

TOUS

Exilé !

DOMINGUOS, à part

Enfin !

LA REINE

Non, non... L'autre.

DOMINGUOS, apportant l'autre papier

Voici, Majesté.

(La reine prend la dépêche de la scène IX.)

JANUARIO, bas à Robert

Où est Fanchette ?

ROBERT, de même

Là, dans la chambre...

LA REINE

Cette dépêche du roi de France qui m'apporte les lettres de grâce d'un officier, exilé à la suite d'un malheureux duel, me permet de vous apprendre un secret trop longtemps gardé... Sachez tous que je suis mariée.

TOUS

Mariée !

LA REINE

Depuis trois mois, déjà, avec le grand amiral Robert de Saint Fresnay.

DOMINGUOS, à part

Le cotillon !... (A Antonia.) Je comprends... Vous étiez dans la confidence de cette union ?

ANTONIA

Enfin ! pour la première fois, vous y voyez clair.

DOMINGUOS

Senora... je vous pardonne mes doutes injurieux à votre égard...

FINALE

ROBERT

Maria !

LA REINE (tendant la main à Robert)

Oui, voilà mon époux.

TOUS

Ah ! quel étonnement pour nous !
Vive les deux époux !

ROBERT (feignant d'entendre du bruit dans la chambre de la reine)

Quel bruit encor?

(Il va à la porte.)

LA REINE (le retenant, avec terreur)

Laissez!... Quelque valet.

ROBERT (jouant l'inquiétude)

Non, non, il faut savoir....
Ce manteau, ce pistolet!...
Chacun ici doit faire son devoir.
Venez, Messieurs...

LA REINE (à part)

Ah! plus d'espoir!
(Au moment où Robert et les seigneurs de la cour vont pour
forcer la porte, elle s'ouvre d'elle-même et Fanchette, habillée en
femme, fait son apparition.)

SCÈNE XIII et dernière

LES MÊMES; FANCHETTE

(Toute cette scène doit se jouer de la même façon que l'apparition,
au premier acte, de Fanchette vêtue en cadet de marine.)

ROBERT (feignant la surprise)

Quelle est cette belle enfant?

TOUS

Qui vient là?
Que veut dire cela?

FANCHETTE à la REINE

O Reine auguste, excusez-moi,
Et pardonnez à mon émoi.
Je viens fléchir votre colère.
Mon pauvre frère...

LA REINE, ROBERT et DOMINGUOS

Votre frère ?

FANCHETTE

Don Mauritio, banni par vous !...
Ah ! je me jette à vos genoux !

DOMINGUOS

L'exil est encor trop doux !

LA REINE (stupéfaite)

Je ne puis revoquer la sentence !
N'esperez rien de ma clémence.

FANCHETTE (pleurant)

Ah ! quel malheur !
Pour lui, je tremble...
Il nous faut donc partir ensemble ?...

JANUARIO (à la Reine)

Permettez que je suive et le frère et la sœur ?
                    (A Fanchette).
Je serai votre protecteur ?

LA REINE, bas à Fanchette (Parlé).

Don Mauritio, il faut nous séparer... Vous m'avez sauvée de la honte ..... Emportez avec vous mon éternelle
reconnaissance !...

JANUARIO, avec feu à Fanchette

Suivez-moi dans ma patrie... Je mets à vos pieds mes
richesses et le plus doux hymen...

ROBERT

Daignez agréez mes félicitations...

LA REINE, à part

Que dit-il? (Bas à Fanchette). Mais cet hymen est impossible?...

FANCHETTE, à demi-voix

Ne craignez rien, Majesté, je réponds de tout.

ROBERT (avec joie)

Ils s'en vont!

JANUARIO (avec transport)

Quel bonheur!

FANCHETTE, à la Reine (faisant le geste de jurer)

Sur mon honneur!

LA REINE (bas à Fanchette)

Vous le devez... Il faut me fuir!
Emportez mon souvenir!

FANCHETTE

Toujours!

FANCHETTE et la REINE (à part)

O mes amours !

FANCHETTE (à part)

Quel bonheur! quel plaisir!
Sans regret, sans désir,
Je puis donc repartir.
De l'ingrat que je fuis
J'ai calmé les soucis;
Et ma ruse en ces lieux.
(Montrant Robert, Januario et elle-même).
Aura fait trois heureux!

LA REINE (à part)

Dans mon cœur, la douce paix
Va régner sans partage
Mais ce cœur à tout jamais
Gardera son image.

FANCHETTE (bas à Robert)

Ne crains rien

(A Januario).

Tout va bien !

ROBERT (avec reconnaissance)

Grâce à toi ?

JANUARIO (avec orgueil)

Grâce à moi !

ANTONIA (à part)

Plus de soins !

DOMINGUOS (avec satisfaction)

Un de moins !...

LA REINE (à part)

Pour mon cœur quels regrets !
Il me fuit à jamais !

FANCHETTE (à part)

Je m'exile à jamais !

ENSEMBLE

FANCHETTE	LA REINE
Quel bonheur, quel plaisir !	Ma rigueur doit fléchir.
Quel bonheur, quel plaisir !	Que son cœur va souffrir !
Sans regret, sans désir	Mais le mien veut chérir
Je vais donc repartir !	Son loyal souvenir !
De l'ingrat que je fuis	D'un époux reconquis
J'ai calmé les soucis ;	Ah ! craignons le mépris !
Et ma ruse en ces lieux	Je me dois à des feux
Aura fait trois heureux !	Consacrés par les cieux !

CHŒUR.

De l'imprudent qui doit nous fuir,
Nous garderons le souvenir.

QUATUOR

FANCHETTE et JANUARIO

Tôt! Le vent ride l'onde!
Partons.
Aux confins du vieux monde
Voguons!

Confiants dans l'avenir.
Dans l'avenir!
Ah! quel plaisir!
Fuyons à jamais,
Sans soucis ni regrets.
Loin de ces lieux
L'hymen heureux
Comblera nos vœux!

LA REINE (à Fanchette)

Tôt! le vent ride l'onde!
Partez.
Aux confins du vieux monde
Voguez.
(A part.)
De celui qui doit me fuir
Je veux chérir!
Le souvenir!
Adieu, pour jamais!
Emportez mes regrets!
Loin de ces lieux,
Sous d'autres cieux
Ah! qu'il soit heureux!

ROBERT (à Fanchette et à Januario)

Tôt! le vent ride l'onde!
Partez!
Aux confins du vieux monde
Voguez?
A mes yeux l'avenir
Vient s'éclaircir.
Ah! quel plaisir!
Fuyez à jamais
Sans soucis ni regrets!
Loin de ces lieux,
Sous d'autres cieux,
L'hymen comblera vos vœux!

FANCHETTE (à la reine)

Je m'immole à votre honneur,
Et mon rêve enchanteur
Fol éclair
Se dissipe dans l'air!
Oubliez le malheureux
Dont les vœux
Amoureux
Sont punis d'un destin rigoureux!

LA REINE (à part)

Ah! j'oublie un fol émoi!
Il s'exile et pour moi
        Son erreur
Fait aussi ma douleur!

                              (A Fanchette)
Malgré toute ma rigueur,
Qui s'est fait mon sauveur
A des droits sur mon cœur!

ENSEMBLE

                    (Reprise de la valse.)

FANCHETTE et JANUARIO

Tôt! Le vent ride l'onde! etc.

LA REINE

Tôt! Le vent ride l'onde! etc.

ROBERT

Tôt! Le vent ride l'onde! etc.

DOMINGUOS et le CHŒUR

Tôt! Le vent ride l'onde!   Adieu pour jamais.
        Partez!   Emportez nos regrets!
Aux confins du vieux monde,   Loin de ces lieux
        Voguez!   L'hymen heureux
Confiants dans l'avenir,   Comblera vos vœux!
    Il faut nous fuir.

FIN DU CADET DE MARINE

EXPLICATION DÉTAILLÉE

DE LA

PARTIE D'ÉCHECS (1)

ACTE DEUXIÈME

Le jeu d'échecs, à pièces vivantes, constitue un spectacle à grand effet, auquel on ne saurait apporter trop de goût, de luxe et de soins, bien qu'il ne s'agisse point d'un ballet proprement dit et qu'on n'ait pour le régler que juste la place des soixante-quatre cases de l'échiquier, agrandies de façon à permettre aux différentes figures humaines, nanties de leurs attributs distinctifs, d'évoluer commodément.

Ces figures doivent être revêtues de riches costumes dans le goût du xiii⁰ siècle, les uns en rouge, les autres en blanc et ces couleurs se répètent jusque dans les moindres détails de leurs vêtements.

Les *Rois* et les *Dames* ont les leurs garnis d'hermine ; le sceptre et le globe impérial. Les *Fous* ou *Dauphins*, ont des bâtons de commandement et les *Cavaliers*, dont la partie inférieure est cachée par des petits chevaux de carton, richement harnachés et caparaçonnés, portent de petites lances. Les *Pions* ont des épées et des boucliers blancs ou rouges. Les *Tours* sont figurées par des boîtes également larges par le haut et par le bas et dans lesquelles sont placés des figurants. Elles sont surmontées de couronnes murales.

Afin de mieux caractériser l'importance des différentes pièces, il est bon de faire représenter les simples pions par des enfants.

Le cortège s'ouvre par *deux pages blancs*. Puis vient un *héraut blanc* précédant les *parties de sa couleur*. Ensuite arrivent les *Fous*, au pas de course bien rythmé et gracieusement réglé. Les *Cavaliers*

---

(1) Traduction littérale du livret autrichien.

galopent, tandis que les *Pions* s'avancent au pas de marche. Les *Tours* se meuvent avec lenteur et majesté.

Les *Rouges* entrent dans le même ordre, précédés de *Pages* et de leur *Héraut*. Après avoir fait le tour de la scène, les deux camps se divisent et se placent en arrière, formant groupes. Les *Pions* avancent avec des gestes plaisants, entrechoquant leurs glaives et leurs boucliers, puis ils se rendent à leurs places respectives. Enfin les *Couples royaux* font leur entrée en se donnant la main et en saluant majestueusement. Ils se posent à leurs places respectives. Les *Cavaliers* accourent en galopant, les *Fous* au pas de course, enfin, les *Tours*, gravement.

Les parties se forment. Deux mesures avant la réplique de la reine : « *Grand amiral vous jouerez avec moi,* » elles doivent être disposées et, à partir de ce moment, toutes les pièces se tiennent immobiles sur le milieu de leur case, excepté lorsqu'une d'elles a à accomplir quelque manœuvre.

Il importe que les figurants, chargés de cette partie mimique, apportent autant que possible du caractère à leurs évolutions. Une indication sommaire pourra, d'ailleurs, tenir lieu de guide à cet égard.

1er COUP. — Le *Pion blanc* avance en dansant, sur le rythme de la musique, fait, arrivé à sa case, une pirouette, et puis reste immobile.

La 1re RIPOSTE s'opère de la même façon.

2e COUP et RIPOSTE exécutés en mesure par les *Cavaliers* galopant.

3e COUP. — Le *Pion* opère le mouvement du no 1. — La riposte consiste en une petite lutte entre les deux *Pions* qui croisent leurs épées et entrechoquent leurs boucliers. A la fin le *Pion blanc* s'affaisse blessé, et se retire en arrière où tous les figurants vont se placer quand ils succombent, mais groupés d'après leur couleur.

4e COUP. — « *Mon fou de quatre cases...* » Le *Pion blanc* fait une pirouette, avance de quatre cases, fait une nouvelle pirouette et demeure immobile.

RIPOSTE. — Le *Pion rouge* accomplit une pirouette et avance d'une case.

7e RIPOSTE et 8e COUP. — « *Au noir chasseur mon blanc coursier s'oppose.* » Lutte comique entre les deux *Cavaliers* qui bondissent et se heurtent la tête en se cabrant.

8e RIPOSTE. — Le *Fou noir* lève son bâton, prend la main de la

Reine blanche et se met à sa place. La *Dame* s'enfuit de l'échiquier, en faisant des gestes dramatiques.

Aux paroles de Fanchette : « *Et crie altier, échec et mat !* » celle-ci s'avance sur l'échiquier, imitée par Robert qui s'écrie : « *Vraiment échec et mat !* »

Lorsque Fanchette, se courbant devant la reine, entonne son chant de victoire : « *Gloire ! gloire ! honneur !* » les cadets qui, jusqu'alors s'étaient tenus en arrière à droite et à gauche de l'échiquier, avancent en trois groupes, masquant la partie.

A l'avant se placent les solistes. — Pendant le finale, les deux parties forment tableau, les *Blancs*, vainqueurs et debout, les *Rouges*, vaincus, agenouillés, terrassés ou courbés. Le *Héraut blanc* agite, à l'arrière, un étendard aux couleurs portugaises, vers lequel la *Reine blanche* élève les mains. Puis, un peu avant la fin, les cadets se retirent à droite et à gauche, découvrant tout le tableau.

Pendant le défilé, et le tableau final, les figurants des pièces vivantes du jeu d'échecs, sont vivement éclairés par la lumière électrique. Afin que le jeu soit bien réglé, il sera bon de faire assister aux dernières répétitions quelques forts joueurs d'échecs. A cet effet, nous indiquons ici les différentes péripéties de la partie, ci-dessus détaillée, d'après la méthode bien connue d'Allgaier :

BLANCS.					ROUGES.				
1		E 2	e 4		1		E 7	e 5	
2	S	g 1	f 3		2	S	b 8	e 6	
3		d 2	d 4		3		e 5	d 4	*Prend*
4	L	f 1	c 4		4		d 7	d 6	
5		c 2	c 3		5		d 4	c 3	*Prend*
6	S	b 1	c 3	*Prend*	6	L	c 8	g 4	
7		0 —	0	*Echec*	7	S	c 6	e 5	
8	S	f 3	e 5:	*Prend*	8	L	g 4	d 1:	*Prend*
9	L	c 4	f 7:	† *Prend et fait échec au roi*	9	K	e 8	e 7	
10	S	c 3	d 5	‡					*Echec et mat*

Voici, maintenant, pour terminer, la description exacte des coups, arrangés sur la musique.

Pendant les huit premières mesures (fanfare) les cadets s'avancent vivement du fond sur le devant et se rangent aussi loin que possible de l'échiquier.

A la 9ᵉ mesure du menuet, les figurants du jeu d'échec avancent. Lorsque la pièce se joue sur une grande scène, comme celle de Vienne, par exemple, il est nécessaire de répéter les vingt premières mesures du cortége, de façon à ce que le chœur n'entre qu'à la répétition du motif.

1ᵉʳ coup. — A la réplique de la reine : « *Pour le pion du Roi* » le *Pion blanc* exécute pendant la 5ᵉ et la 6ᵉ mesure du *moderato* le mouvement désigné

1ʳᵉ riposte. — Le *Pion noir* exécute le même mouvement sur la 11ᵉ et la 12ᵉ mesure.

2ᵉ coup. — A la réplique : « *Du Roi bondit le chevalier* » le *Cavalier blanc* opère un mouvement sur les 7ᵉ, 8ᵉ et 10ᵉ mesures du 6.8 *tempo*.

2ᵉ riposte. — Même mouvement du *Cavalier noir* sur les 15ᵉ, 16ᵉ, 17ᵉ et 18ᵉ mesures du même *tempo*.

3ᵉ coup. — Le *Pion* avance pendant la 5ᵉ et la 6ᵉ mesure du *moderato*.

3ᵉ riposte. — Dès la 2ᵉ mesure du *piu moto*, les deux pièces luttent. A la 5ᵉ, le *Pion blanc* abandonne l'échiquier.

4ᵉ coup — Le *Fou* avance de quatre cases, pendant les 3ᵉ et 4ᵉ mesures de l'*animato*.

4ᵉ riposte. — Le *Pion* ennemi manœuvre pendant les 7ᵉ et 8ᵉ mesures du même *tempo*.

5ᵉ coup. — Sur les 11ᵉ et 12ᵉ mesures, le *Pion blanc* avance d'une case.

5ᵉ riposte. — Pendant les 3ᵉ, 4ᵉ, 5ᵉ et 6ᵉ mesures de l'*accelerando*, il y a lutte entre les *deux pions* et, à la 7ᵉ mesure, le *Pion blanc* quitte sa case.

6ᵉ coup. — Pendant les 11ᵉ et 12ᵉ mesures de l'*accelerando*, le *Cavalier blanc* terrasse le pion noir.

6ᵉ riposte. — Pendant les 14ᵉ et 15ᵉ mesure, le *Fou noir* avance et menace le *Cavalier blanc*.

7ᵉ coup. — Le *Roi* roque immédiatement, après les mots de Fanchette : « *Il faut agir* », c'est-à-dire sur les 6ᵉ et 7ᵉ mesures du *poco piu moto*.

7e RIPOSTE. — Le *Cavalier noir* avance pendant le chœur, sur les quatre dernières mesures du *tempo*.

8e RIPOSTE — Le *Cavalier blanc* terrasse le *Cavalier noir*, pendant l'*allegro* 3 4, sur les 7e, 8e, 9e et 10e mesures. Le *Cavalier noir* s'enfuit sur les 11e et 12e mesures.

8e RIPOSTE. — Le *Fou noir* terrasse la *Reine blanche*, pendant les 17 à 20 mesures du même *allegro*.

9e COUP. — Le *Fou blanc* prend le *Pion noir* et fait échec sur le temps de valse, à partir de la 15e mesure.

9e RIPOSTE. — Le *Roi noir* avance sur les 12e et 13e mesures du *a tempo*. Quatre mesures après, c'est-à-dire à la 18e, le *Cavalier blanc* fait échec et mat.

Fond de la Scène

Figures blanches à gauche Nᵒˢ 1 à 16

Figures noires à droite Nᵒˢ 49 à 64

GAUCHE.

DROITE.

Droite sur la Scène

Gauche sur la Scène

Salle du Théâtre

COUP. — LES FIGURES BLANCHES COMMENCENT.

1	*Blanches*	13 va à 29		*B.* 2 prend 19
2	*Noires*	53 " 37		*N.* 59 va à 31
3	*B.*	7 " 22		*B* 5 va à 6 et du même coup
				blanc 8 à 5 (double coup admis)
4	*N.*	58 " 43		*N.* 43 va à 37
5	*B.*	12 " 28		*B.* 22 prend 37
6	*N.*	37 prend 28		*N.* 31 " 4
7	*B.*	6 va à 27		*B.* 27 " 54
8	*N.*	52 " 44		*N.* 61 va à 53
9	*B.*	11 " 19		*B.* 19 " 36
10	*N.*	28 prend 19		

On peut remplacer, à la représentation, comme cela s'est fait à Bruxelles, l'air d'entrée de FANCHETTE, par les couplets suivants, ajoutés également, en annexe, à la partition de piano.

SCÈNE IX

FANCHETTE, RODRIGUEZ

FANCHETTE (chassant devant elle Rodriguez.

Sans me répliquer, annonce-moi !
Ne résiste pas ou gare à toi !
Tu n'es qu'un paltoquet
Un rustre, un plat valet.
Hâte-toi !
Hâte-toi !
Annonce-moi.

(Rodriguez sort, tout effaré).

1

Me voilà ! C'est moi, moi, Fanchette.
Débarquée ici ce matin,
La plus remuante soubrette
De la foire de Saint-Germain.
Lorsqu'à Paris, reine et déesse,
Tout se courbait à mon désir,
De ma première et seule ivresse
Je viens chercher le souvenir.
D'un céladon à barbe grise,
Dédaignant le titre et l'argent,
Faut-il vraiment que je le dise,
Le vainqueur dont je suis éprise,
Est un tout petit lieutenant,
Mais si charmant
Si mignon, si pimpant,
Si séduisant,
Sur ma parole,
Que j'en raffole, j'en raffole, j'en raffole !
Et chaque femme, assurément
A ma place en ferait autant.

II

Du régiment de Picardie
Il était le vrai boute en train.
Comme il menait gaiment la vie
Entre les cartes et le vin.
On prétend, et c'est bien étrange,
Qu'il a fini par se ranger,
Et qu'au pays où vient l'orange
Il cherche .. la fleur d'oranger.
Mais halte-là ! Voici Fanchette.
Aux Portugaises de tout rang
Je disputerai ma conquête.
Il va venir ! Ah ! quelle fête !
Quoiqu'il ne soit plus lieutenant
          C'est mon amant
        Si joli, si pimpant,
            Si séduisant.
          Sur ma parole,
Que j'en raffole, j'en raffole, j'en raffole !
Et chaque femme assurément
A ma place en ferait autant.

www.ingramcontent.com/pod-product-compliance
Ingram Content Group UK Ltd.
Pitfield, Milton Keynes, MK11 3LW, UK
UKHW022341090726
13658UKWH00001B/398